中国科技期刊卓越行动计划资助项目（C-109）

湖南省培育世界一流湘版科技期刊建设工程资助项目（2020ZL5015）

中国高校科技期刊研究会"一流高校科技期刊建设"专项基金资助
项目（CUJS2021-040）

学术期刊生态系统
构建与治理

蒋学东　著

中国财经出版传媒集团

经济科学出版社
Economic Science Press

图书在版编目（CIP）数据

学术期刊生态系统构建与治理/蒋学东著 . --北京：经济科学出版社，2022.6
ISBN 978 - 7 - 5218 - 3637 - 0

Ⅰ.①学…　Ⅱ.①蒋…　Ⅲ.①学术期刊 - 研究　Ⅳ.①G237.5

中国版本图书馆 CIP 数据核字（2022）第 069048 号

责任编辑：谭志军
责任校对：齐　杰
责任印制：范　艳

学术期刊生态系统构建与治理

蒋学东　著

经济科学出版社出版、发行　新华书店经销

社址：北京市海淀区阜成路甲 28 号　邮编：100142

总编部电话：010 - 88191217　发行部电话：010 - 88191522

网址：www. esp. com. cn

电子邮箱：esp@ esp. com. cn

天猫网店：经济科学出版社旗舰店

网址：http：//jjkxcbs. tmall. com

北京季蜂印刷有限公司印装

710×1000　16 开　9.5 印张　130000 字

2022 年 6 月第 1 版　2022 年 6 月第 1 次印刷

ISBN 978 - 7 - 5218 - 3637 - 0　定价：48.00 元

　　为更好地促进我国学术期刊事业发展，提升学术期刊的专业管理能力、出版市场运营能力和国际竞争能力，全力推进数字化、专业化、集团化、国际化进程，依据中央全面深化改革委员会发布的《关于深化改革、培育世界一流科技期刊的意见》，2019 年，中国科协等七部委组织启动了"中国科技期刊卓越行动计划"。随后各级地方政府和行业学会、协会也陆续推出了激励学术期刊改革发展、繁荣学术成果传播的措施，从而掀起了一波又一波的学术期刊建设高潮。作为学术期刊建设的参与者，我们认为，提高建设成效，从学术期刊生态系统角度审视其建设内容尤为重要。

　　依据生态系统的原始定义，将自然生态学理论移植到学术期刊生态系统，把"学术期刊"抽象为系统中的"生物"，把影响学术期刊运转的因素或被学术期刊运转影响的因素称为"环境"，则学术期刊与环境通过相互作用形成类似于生态系统的生物圈。依照系统生态学的思维及研究模式，则学术期刊这一类型的生物与环境一起构成了学术期刊生态系统。在学术期刊生态系统中，其发展不可避免地会受到政策制度、社会文化因素、经济基础和学术期刊评价体系等外部生态因子的影响，同时也受到涵盖作者（作者群）、编辑（编委）、同行评议专家（内审、外审专家）、编辑校对者、出版印刷者、发行者以及链接上述关系的投审稿系统、学术期刊编校系统和出版发行系统等内部生态因子的影响。一旦某一种因子受环境影响发生量变或质变，都会引起其他因子不同程度的变化。

学术期刊生态系统作为学术生态系统的子系统，其系统运行状态与学术生态息息相关。良好的学术生态环境能够为学术主体提供更加和谐、舒适的学术氛围，其稳定性直接关乎学术事业能否可持续发展，反之则极易激发学术主体间的对立和矛盾。建立在学术生态系统上的学术期刊生态系统，在其发展变化过程中，由于内外部生态因子不断交替作用，导引着学术期刊生态系统的不同演进。互相补位的生态因子能促进学术期刊生态系统的和谐增长，而互相对立的生态因子则会造成学术期刊生态系统失衡，影响学术期刊的良性发展。

学术生态系统各生态因子的运转失衡，很大程度会通过学术期刊生态系统失衡表现出来。作者、学术期刊编辑以及审稿专家的学术不端行为是导致系统失衡的最根本原因。由于学术不端表现形式的多样性和成因的复杂性，要解决系统失衡问题，需要政府、社会以及学术期刊共同体等生态因子共同参与，系统解决。

本书是笔者近年来研究学术期刊生态系统构建与治理的一些成果。

全书共分四章。第一章主要厘清"学术""生态系统""学术生态""学术期刊生态系统"等相关概念。第二章从影响学术期刊建设的相关政策制度、经济社会环境、学术环境以及学术期刊评价体系等外部生态因子展开研究。第三章围绕学术期刊作者（作者群）的培育发现、同行评议状况以及学术期刊编辑素养等内部生态因子探讨学术期刊和谐生态圈的构建。第四章从不同生态因子角度深入剖析学术不端行为的产生原因以及治理对策。

限于笔者水平，书中难免有疏漏之处，敬请专家、读者提出宝贵意见。

目录
CONTENTS

第一章

学术期刊生态系统相关概念解构

■ 第一节 "学术"概念解构

对于"学术"的定义，中国四大权威辞书基本相近。《辞海》中对"学术"作出的释义为："较为专门、有系统的学问"。《辞源》将"学术"拆解为"学问道术"并解释其为"有系统而较专门的学问"。《汉语大词典》对其解释为"学问、学识"，同时也指具有系统性的、专业的学问。《现代汉语词典》（第7版）所下定义为"有系统的、较专门的学问"。

学者们也从拆文解字角度考查"学术"一词，以探究"学术"一词的意义。据朱维铮（1996）对汉章帝刘炟敕令、班固撰写的《白虎通义》考据，"学"是"学之为言觉也，以觉悟所不知也"，是学生在老师的启发下自主学习，更偏向于教育学意义上的"学"。而"术"，虽然《白虎通义》中并未直接定义，但第一次使用了"不学无术"这个成语，由此可以看出"学"和"术"之间不尽相同。成书时间略晚于《白虎通义》的《说文解字》中对"术"的解释为："邑中道也"，清段玉裁《说文解字注》中注释"邑，国也"，也就是说"术"是依据法则、方法、技能等进行实践。至此，朱维铮先生认为，"学"更强调探索，而"术"则更注重实际应用。近代学者则认为"学"与"术"是两个分离的概念。梁启超先生在《学与术》一文中提到，"学者"是通过观察事物"发明其真理"的人，而"术者"则是将"真理""致诸用"的人。这里"学"是名词，意为"学问"，而"术"内涵的应用也与古人所说的"术"有所区别。严复先生在《原富》一书也曾说过"学"与"术"是不同的。他认为"学者"是考据"自然之理"确立"必然之例"，而"术者"是根据"已知之理"以期"可成之功"；"学"强调的是思想而"术"强调的是行动。至此，在先生们的拆解界定之下，学术的概念有了一个较为明确的轮廓。但是，将"学"与"术"分开、过分强调二者之间差异，难免将"学术"的概念局限于二元论的观点之中，限制对其内在含义的理解。

现代学者们也多次探索求证"学术"一词的内涵与定义。在当代语境中"学术"是一个混沌的概念，没有独立的"学"，也没有独立的"术"，"学"与"术"是不可分离的。"术"可以是一种方法，也可以是一种方法的学问。同理，"学"也可以是某种方法的学问，某种认知的方法。这是典型的由于知识分化扩大了"学术"概念的内涵的例子。"对已存在事物及其规律进行学科化论证"，是张荣寰对学术的定义。许苏民（1999）对梁启超、严复的"学术"定义及王国维关于"希腊七术皆形下之学"的观点提出了质疑。他认为，学术应当包括学者的研究过程和结果建树，不仅是探索知识、追求学问、洞观智慧的过程，还包括在研究中形成的思想方法论，而不是狭义的事物的"体"或"知"。只有将"知识、学问、智慧、方法论"四者结合起来，才是完整的"学术"，只有做到了"明体"，才能实现"达用"，真知方能笃行。姚弘芹（2008）认为，"学术"一词"专门、系统"的两个特点是密不可分的，只有同时具备这两个特点的学问才能称得上"学术"二字。尽管对于学术的传统定义有必要进行更深入的审视，但随着现代社会人类探索世界的丰硕成果喷涌出现及日趋迅猛的科学发展尤其是工程科学的发展，对于"学术"进行专门和系统的认定已经很难取得理解上的一致。苏州大学周可真教授曾在其博文中如此定义"学术"一词：正确、系统、专门的知识之形成过程以及这种知识的应用过程。宋燕（2012）在《"学术"一解》一文中指出："学术"这一词汇的内涵同其他词汇一样，也因时代、地域、主体的背景和个性不同而有所差异，具有强时空特性。西方对于学术的理解既具有多元性，又有其专一性；西方学术的内涵既具有动态性，又有其稳定性。我国对于学术的理解则先后经历了两个阶段：传统学术阶段和近代学术阶段。在传统学术阶段，学术并不与大学相联系且倾向于将其二分式理解为"学"与"术"。近代学术阶段则指受西方文化影响，"学"与"术"最终转型合二为一，"为学术而学术"成为这一阶段的学术精神。张兴胜（2020）认为，随着时代的发展，可从学术的"本质、目标、角色和价值"四个方面来把握学术的内涵。学术的本质为探本求源、不断认识客观世界、探索规律，其目标为追求智慧、真理，致力于探索未知领域，形成新的思想、理论和方法，指引未来应用。"学术角色"可分为教学者、研究者、管理者、著述者。学术的价值则体现在其真实性、先进性、创新性和应用性。

综上所述，对于"学术"概念的整体认识，可概括如下：首先，"学术"被普遍认为是专门的系统学问，不同于粗浅的一般知识，很显然是从学术固有属性角度出发的，是通过对具体学术对象（如具体的学术论文特性）抽象出来的，具有权威性和合法性。但因其内涵脆弱，粗浅学问与系统学问并无明确标准的界限，外延边界基本无法识别，导致学术的具体概念一直被争论。其次，"学术"被认为是人类知识的反思和总结，这是站在学术由来的角度形成的规定性定义，这取决于提出者阐述的具体语境。最后，学术被认为是"学习之术"或是"强调学术内涵"，则是通过提出者的特定视角演绎其概念的片面合理性。

对不同时代"学"与"术"历史词源的考察引证表明，"学术"的内涵始终是流变的、历史的，其概念在不同的历史语境中具有不同的内涵。文人学者们对"学术"一词内涵的流变及其历史性,也曾有过各自的见解。黄人曾在《〈清文汇〉序》中这样表达自己对"学术应随时代而变"的理解:"有一代之政教风尚,则有一代之学术思想。"章炳麟在《訄书·学变》曾言:"汉晋间,学术则五变",指出学术思想与时代有着密切联系。袁枚曾言:"学问之道,当识其大者",所谓"大"指做学问应与社会责任、时代担当关联起来,在当下民族复兴的拐点时刻,个体的学术研究要做到心中有大义,应主动积极融汇于时代民族命运中。

■ 第二节 "生态系统"概念解构

对"生态"的概念溯源最早可追溯至古希腊时期,当时指人类所生活的领域。通俗而言,生态统指自然万物的生存现状及生物与其所在环境之间的内在联系。生态学的概念最早由德国 E. 海克尔 (Ernst Haeckel) 提出并进行定义:它是一门以动物、植物与环境之间的关联度作为研究重点的自然学科。

1935 年,英国的生态学家坦斯利首次提出了生态系统的概念并对其进行定义。他分析指出"生态系统并非针对单一个体,其所涉内容主要是由该环境内的所有物理因子及有机复合体组成,也是对特定区域内自然生物及环境的总称,该环境中存在着大小与种类,由此组成了一个可区分的自我调解的实体"。随着生态学的研究对象逐渐扩充发展,学者们针对生态方面的研究主要集中在其特点及演变规律上,并逐渐向生态系统更深层次延伸。苏联植物学家苏卡切夫 (Sucachev) 立足于植物学的层面深入剖析了生物与其所在生长环境之间的内在联系,并由此得出了生物地理群落的概念及特点。林德曼立足于自然生物的生存法则提出了"食物链"及"生态金字塔"的概念，并在此基础上构建了基于生物生存及发展的理论框架，且同时得出食物链中能量的递减性及不可逆性特征。福斯伯格（Fosberg）结合前人的理论成果将生态系统的概念界定为"由单个或多个生物体组成的、受其所在环境影响的、存在一定功能及关联的系统"。美国生态学家奥德姆（E. P. Odum，2009）通过对生态系统概念及内涵进行不断地研究界定，提出了五个不同版本的定义及相应的阐释，通过对比得出最终定义："在特定环境中所存在的生物群落基于生存和能量转化需要而与其所在环境之间相互作用形成的系统"。这一表述不只是对特定区域生态的描述，同时也蕴含对其中能量传递，自然或人为功能边界存在的描述。在奥德姆理论内涵的基础上，帕滕（B. C. Patten）和乔金森（S. E. Jorgensen）注重生态系统能量分析，强调运用网络分析和信息分析，以体现整体论，分别提出了"生态网络理论"和"系统生态学"。巴兹·霍林（Buzz Holling）研究过程中指出生物之间的优胜劣汰对其行为的作用程度要远超其他任何变量。沃斯特（Worster. D）剖析认为生物与非生物之间并无特定的界限，学术中对于生态系统的研究主要是为更好地对各要素之间的能力传递规律进行分析，以更好地凸显出生态系统的整体性与生物关联性。

随着学者们研究的深入，针对"生态"的学术探讨范围越发广泛，并将其应用于对诸多美好事物的特征表述，诸如健康的、稳定的、和谐的等。既可以从生态层面来对"生态"的内涵进行分析，抑或立足于哲学层面对其进行探讨，进而衍生为更具包容性和哲学性的生态。生态哲学的核心即"构建持久的、稳定和谐的自然环境"。学术较之于生态对生物生存状态的描述更加抽象，为此针对生态的学术探讨需要立足于哲学层面来进行解析，进而对其未来发展进行更深领域的解读，以凸显"学术生态"的哲理性。

第三节 "学术生态"概念解构

学术生态是近几年学术界比较热门的研究领域，在高等教育研究中出现得尤为频繁，常指"社会生态学和教育生态学在学术领域的应用"。国外探索生态学和高等教育的联系研究教育生态学的鼻祖是美国学者阿什比，他将生态学的原理应用于高等教育的研究，提出了"高等教育生态学"。国外教育生态学研究成果在 20 世纪 70 年代最为丰富。从学校教育和环境两者之间的联系出发研究学术生态的有费恩（1971）、沙利文（1975）等。这一时期最具代表性的是美国哥伦比亚大学的劳伦斯克雷明，他在 1976 年首次提出，作为一门交叉学科的教育生态学主要研究教育学和生态学的相关内容，目的是明确教育发展趋向，揭示教育和生态环境之间的作用。美国心理学家布朗芬布伦纳（1979）提出的生态系统理论认为：每个人都处于彼此联系、相互影响、相互作用的生态环境中，每个人还会被生态环境影响，所以构成了有中心且向四处延伸的网络，由内到外依次是：微观领域、中观领域、外层领域及宏观领域。

国内对高校学术生态的研究开始于 20 世纪 60 年代，方炳林（1975）开创了生态学应用于教育领域的先河并著有《生态环境与教育》一书。"学术生态"的定义，国内尚无统一意见，整体上可以从系统性角度、环境学说角度和状态学说角度进行梳理。

从系统性角度来定义的有：把高校学术生态系统看作一个组织耗散结构系统，包括学术、人和环境，总是与外界交换能量、物质和信息；将学术生态定义为一个统一体，它为学术的生存和发展提供相关的生态条件；将学术生态界定为学术生态系统的简称，是在知识的创造、传播和应用过程中，教师、学生和环境之间形成密切的关系的统一体。从环境学说角度界定学术生态，认为学术生态系统是一个既包括学术主体又包括生态环境的整体，由生态因子组成，形成了一种可以影响个体、群落发展的环境。从状态学说角度定义学术生态，认为学术生态可以视为目前学术发展的状态；学术生态的本质是一种和谐状态，是学术应用与反作用的循环交流的过程中必须维持的。

从以上分析不难看出，一方面，学术界对学术生态的定义看法不一。另一方面，基于学者们认知水平及研究方向的差异，针对学术生态的研究也各有不同。虽然目前学术界对"学术生态"的概念界定尚未达成统一，"学术生态"存在潜在认同困难，但学术生态都能被视为生态学在学术领域的应用。在此基础上对"学术生态"进行解构，将"学术"和"生态"概念有机糅合，可从整体上勾勒出学术生态的基本框架并进行理论界定。即可将其特指为学术所赖以发展的环境，其含义是学术的诞生和发展实际上类似于有机物的创生过程（张敏，2011）。就其内容而言，学术生态主要包括了文化传承和发扬、人才培养、科学研究等。无论是对于特定领域还是综合领域，学术领域的生态研究都离不开学理与实践求证。学术研究能否得以稳定可持续进行，归根究底取决于其研究主体自身的态度及学术氛围。主客体及其所在环境共同组成了一个能够相互作用的整体，当前学术生态研究的方向主要集中在和谐社会的构建，旨在统筹兼顾资源、发展及环境之间的平衡，最大限度地改善现有的生态环境。为此，本书研究的核心在于剖析学术期刊主客体及其所在环境之间的关联，探究学术期刊生态系统失衡的原因及治理方案。

第四节 "学术生态系统"概念解构

生态系统概念为社会生态学、自然生态学等交叉学科的发展奠定了坚实的基础，有利于推动自然和社会生态学的进步。随着生态系统思想的进一步深入、扩散，生态系统、生态平衡等原理与机制也逐步被迁移运用于对企业、团队、组织等的研究，通过掌握这些组织的演化规律，以揭示其发展趋势及方向。国内针对生态学的理论研究最早是从生物学中衍生而来，并逐步实现了从理论研究到实践应用的过渡，到20世纪50年代已经取得重大突破，直至20世纪60年代才在学术界引发了强烈反响。1962年，在《寂静的春天》一文中，美国女海洋生物学家卡逊重点就工业发展过快对生态造成的冲击进行了论述。1972年，罗马俱乐部及联合国分别在《增长的极限》和《人类环境宣言》中围绕生态环境现状及变量进行了论述，在此基础上构建了以可持续发展为指导的理论模型。"地球只有一个"的提出意味着生态学的研究方向已经实现了从单一化发展到多领域渗透，打破了自然科学与社会科学之间的研究壁垒，进而衍生出专门针对哲学、理学、经济学等多领域的学科。纵观以往的历史文献及资料，生态学的研究方向主要围绕两个层面：一是借助于前人的理论成果和方法，剖析和探讨解决生态学问题的可行性路径；二是以生态学为理论指导来挖掘其他学科研究存在的不足。生态学思维在其他学科领域的应用弥补了原有学术体系的不足，如何借助生态学观点剖析学术生态体系中的生命本源及演变规律成为当前学术界亟待解决的难题。怎样将生态学有关的理论及研究方法引申到社会学和教育学领域，并剖析与之相关的学术现象及问题，也越来越受到学界的认同与重视。

作为系统论的创始人，贝塔朗菲分析指出：可相互作用的各变量的结合即为系统，多样性及相关性是其典型特征。学术共同体就是一个由学术相关群体为保障学术生态的均衡发展，以学术创新性为共同核心价值目标构成的系统，包括了参与学术创作、传播及评价等活动的主客体（诸如评审专家及机构）。在特定的学术氛围下，各主体之间通过相互作用逐渐实现动态平衡，关联性、共赢性及稳定性是其典型特征，以实现系统资源的内外部循环。基于社会生态学和教育生态学原理的分析，将学术生态的构成及演变与生态系统进行比较，并无显著差异，其发展运行同样遵循基本动态平衡规律，与生态学有关的学术和实践研究同样可引申到学术共同体的方方面面，学术生态系统的概念也由此而来。

通过剖析生态哲学的学术研究方法和成果，立足于生态学的研究思维及模式来剖析可持续发展下学术共同体的演变规律，进而对该系统内不同要素之间的关联程度进行动态分析，总结学术生态的结构及作用机理，探索能够有效改善目前学术共同体发展失衡的科学路径，可为实现学术共同体的和谐稳定发展提供价值参考。

生态系统可分为生物部分和非生物部分，阳光、热能、水、空气等物质与能量构成生态系统的非生物部分（环境部分），生产主体、消费主体及分解主体是构成该系统的基本组成部分，生物与环境相互依存，彼此影响。运行机理是绿色植物在光合作用下生成其他生物所赖以生存的有机物，以此来为各类生物体的发展提供充足能量。动物在维持生态平衡中起到十分重要的协调作用，腐生菌通过将动植物残体进行分解来保障无机物供应的充足。

根据学术生态系统的基本构成，亦可将学术生态系统分外部系统和内部系统两个部分。后者重要是针对学术生态研究的全过程及其学术氛围，被实践的学术部分常被称为学术研究客体。主体部分则是针对所有从事学术活动个体或集体。当前，学术研究主体队伍中，个人主体和团队研究主体都处于持续扩张状态，这在一定程度上为学术研究带来了活力与繁荣。对学术研究主体进行客观分析，发现不同的利益诉求会导致其学术研究的价值取向、出场路径、旨趣境界各异。学术研究主体能力底蕴悬殊，以探索追求真理为目标与纯商业目标市场化运作的路径、方法、手段同台共舞，也是造成当前国内学术成果量大但质量偏低的成因。国内针对学术研究客体的研究主要是针对学术项目、课题等学术研究主体研究的对象，在该过程中创作的学术论文、发明专利等归属于研究成果范畴。在国家倡导创新的政策推动下，学术研究领域呈现出多元化趋势，不只是政府机构、企事业单位等研发出来的项目及专利存在交叉趋势，学术主体基于其发展需求而进行专项研究以探寻学术研究不足的现象更是屡见不鲜。学术成果本身不只是对课题或专项研究的指标验证，同时也会直接关乎着研究主体未来的长远发展，这无疑增加了学术研究管理的难度系数，同时也会使学术研究实现战略化发展。内部生态是学术的制造基地，学术研究主体是学术实践的执行者，学术研究主体的创新意识、自我反思与道德自制等直接关乎学术研究客体的质量。与此同时，学术研究客体的管理又对学术研究主体产生较大反作用，并逐步外延至学术外部生态。其内容主要包括了社会与自然生态两个部分。前者主要是针对与学术发展息息相关的变量，是能够影响学术研究全过程的变量总和，内容涉及制度、经济、文化、科研条件及现有的基础科学环境等，其中社会制度、学术创生的文化传统、学术评价等共同形成了学术研究所需的软环境，政策扶持力度、市场经济态势、研究条件等主要是针对物质层面，诸如研发资金、研究设施等组成了学术研究所需的硬环境。自然生态则指影响学术发展的"纯物质"环境，即地理环境因素。学术的外部生态在学术研究中有着至关重要的作用。外部生态支撑的缺失会导致学术发展成无本之木。在当前时代背景下，学术研究能否稳定有序推进有赖于充足的资源作为支撑，越来越多的专家学者开始将研究方向立足于外部生态领域。学术的内部生态与外部生态有机结合交融，相互渗透。从某种层面上来讲，外部生态较之内部生态包容性更强，学术的内部生态也可以理解为学术本体的外部生态，因此单一、孤立的学术内部生态并不存在。立足于学术本体的学术生态内外部交换系统对学术本体的健康平衡发展起着至关重要的作用。良好的学术生态环境不仅有利于保护学术权利，促进学术合作，也有利于培育人文关怀。挖掘生态系统的不稳定因素并加以改良不只是取决于研究主体的认知水平及人文素养，同时也离不开健全的制度约束及有效的监管手段。了解学术生态系统的演变规律及结构组成，探析影响学术生态发展的相关变量及特性，能够为以后深化这方面的研究及系统优化奠定理论根基。

■ 第五节　"学术期刊生态系统"概念解构

将自然生态学理论移植到学术期刊生态系统，依据生态系统的原始定义，把"学术期刊"抽象为系统中的"生物"，把影响学术期刊运转的因素或被学术期刊运转影响的因素称为"环境"，则学术期刊与环境通过共同作用形成类似于生态系统的生物圈。依照系统生态学的思维及研究模式，学术期刊这一类型的生物与环境一起便构成了学术期刊生态系统。"学术期刊""期刊人"（含作者、编辑、同行专家、读者）等为学术期刊生态系统中的内部生态因子，政策制度、社会文化因素、经济基础和学术期刊评价体系等则为学术期刊生态系统中的外部生态因子。在自然生态学理论中，生态因子（ecological factor）常用于统指对生物有影响的各种环境因子。该因子会在自然的演变中对生物圈中的主体产生不同程度影响，直接作用于其生存、种类、数量及功能分布等。各个生态因子不仅本身能对生物个体集群起作用，而且各个生态因子之间也会相互作用。生态因子互相之间的双向影响看似相互独立实则紧密相连。在学术期刊生态系统中，其内、外部生态因子之间同样存在双向影响力。系统中各生态因子相互联系、制约，一旦某一因子受到某一影响发生量变或质变，都会引起其他因子不同程度的变化。学术期刊的发展作为人类的一种具体活动形式，很难在自然与社会环境的双重影响下独善其身。自然环境是支撑人类进步与经济发展的根基所在，社会环境则是人们基于对幸福生活的向往，通过有组织、有目的地进行战略规划，以打造更加适宜人类生存和进步的人工环境，是以满足人类物质及精神层面需求为导向的综合体。社会环境未来的发展走向及演变规律，主要受制于与之相关的自然、经济及社会规律的约束，社会环境质量的优劣体现了特定时期的物质文明精神建设。针对社会环境的研究主要立足于广义和狭义两个层面。广义的社会环境主要是针对整个社会经济体系而言，包括了政治、文化、经济等领域；而狭义则特指同人类生存及发展息息相关的环境。分析学术期刊的社会环境生态因子，可立足于政治、经济、文化等领域，通过对比不同区域、不同民族、不同国家之间的学术生态演变现状，结合自身的实际情况为学术期刊的发展寻求更好的发展机会。整体来说，学术期刊这一生物与其环境中的社会经济、文化、科技生态因子息息相关，双方之间处于双向影响的互构互动状态。学术期刊外部生态因子主要包括政策制度环境、科技文化环境、经济环境及评估体系等。生物与环境看似是两个不同的学术领域，却在相互作用中共同维持着自然界及学术界的生态平衡。学术期刊这一生物在系统中与外部环境之间同样存在互相依存、互相影响的关系。期刊的发展不可避免地会受到政策制度、社会文化因素、经济基础和学术期刊评价体系等的影响。从外部生态因子的影响来看，尽管不同生态因子对学术期刊产生的影响大小不同，但每个因子因其独有的特点而存在一定程度的不可替代性。各个生态因子对学术期刊个体或群体的影响程度会因学术期刊所处成长阶段的差异而略有不同。同时，学术期刊建设质量反过来也会影响学术期刊政策制度的制定和学术期刊评价体系本身的科学性，因此，学术期刊内部生态因子对外部生态因子的影响力也不容小觑。

有学者用 AHP（analytics hierarchy process）方法对我国学术期刊外部生态因子进行重要性的评估，发现我国学术期刊的迅速增长与生产力水平的快速提升关系密切，经济基础、文化积淀、科研实力等使学术期刊的数量、质量和空间分布呈现显著差异，进而影响学术期刊的集聚程度和集群发展态势。经济基础、社会文化环境、地域分布、微观环境等学术期刊外部生态因子对学术期刊影响的重要性总体上由高到低呈现出宏观、中观和微观的递减趋势。在学术期刊发展早期，其所在环境的经济水平对学术期刊发展有着明显的影响，之后，科技实力和教育水平状况的影响逐渐凸显，在学术期刊发展后期，文化影响力逐渐增强。学术期刊所在的城市等级与期刊数量、质量呈显著正相关关系，学术期刊的微观环境对单个期刊影响较大，但对学术期刊整体格局的作用有限。学术期刊的发展，与其所处的政策制度环境、科研学术环境、传播平台环境、市场环境和期刊评价环境，均有着千丝万缕、不可分割的联系。学术期刊生态系统中的外部生态因子对学术期刊的发展有着至关重要的影响。随着外部生态因子的飞速变化和学术期刊对各种资源不断凸显的依赖，外部生态因子对学术期刊的发展方向的主导和影响越来越明显。学术期刊外部生态因子主要包括体现各级政府（包括行业学协会）对学术期刊发展支持力度的政策制度、社会经济发展状况、学术环境等社会环境因子和学术期刊评价体系因子。

学术期刊外部生态因子

■ 第一节　政策制度生态因子与学术期刊

一、外部政策制度生态因子对学术期刊的影响

政策环境即能够对社会公共事务或某一行业领域起到制约或促进作用的因素总和。政策是相关机构基于维持经济社会发展平衡或为行业领域战略目标的早日实现而拟订的约束调节机制，实质上是制定者借助各种宏观或微观手段，从根源上有效解决各类社会性问题或经济纠纷、降低矛盾冲突的一种强制性干预手段。政策作为影响当今社会发展的最大外生变量，其具体的制定涉及两大层面：国家目标与资源配置模式的表层系统和涉及价值分配与群体认同的深层系统。在中国特色出版审批制和主管主办制等基本制度下，政策生态因子之于学术期刊持续发展的重要性不言而喻。学术期刊政策制度直接体现政府（社会）对于发展学术期刊的支持和扶持力度，社会经济发展状况和学术文化氛围等生态环境也是影响学术期刊发展的重要外生力量，它们对学术期刊的发展有着重要的支撑作用。影响学术期刊发展的政策大体可分为：为实现市场有效资源的整合和产业重组，结合政治导向、方针战略、发展规划等制定的一系列学术期刊相关政策；为规范

学术期刊竞争秩序，通过对学术期刊行业行为的机制、行政管理和质量进行控制和干预的学术期刊产业组织政策；为激发产业自身能动力，借助一定的税务、人力保障、资金及政策扶持等一系列手段激励学术期刊产业的发展政策。

要实现国家的历史性奋斗目标，就必须选择符合当下国情的政策工具以实现政策的正向激励与反向激励，提升全民认同感的同时，实现市场资源的整合及有效分配。政策工具主要依托于制度和规则等来保障实施。其本质就是将政策目标与政策行动、政策实施结果相结合统一的连接机制，旨在借助一定的手段或方法来解决特定时期特定区域的社会矛盾，全力助推科技及经济得以稳定快速发展（王子娴、许洁，2021）。整体而言包括以下三个要素：一是工具理论，即不同政策手段的作用机理、系统结构及方式；二是选择理论，即怎样才能保障所选择工具能够实现与社会发展的同步；三是运行理论，即如何发挥工具的最大功能保证战略目标的早日实现。良好的政策工具既能完美实现既定政策目标，也能在一定程度上通过其附加影响实现更为深远、完善和长远的正向目标。

对于政策工具的使用，不同的理论流派有着不同的主张。首先是工具主义理论，它强调借助科学化的政策手段以实现缺陷政策向成功政策的转型，通过对政策工具实施原则与手段进行经验总结和应用研究，可解释工具运用的影响并形成科学的理论。其次是过程主义理论。这一理论指出：系统构建、制度拟订及政策执行过程中，任何工具的功能发挥都无法脱离实际问题，因此应在动态适应过程中寻求试探性解决问题的方法。权变主义认为，政策工具的有效性主要取决于地方生态环境，为此针对工具的学术研究需要结合其所在区域的历史背景，以区域战略发展为导向，充分发挥政策工具在稳定地方生态平衡中的协调作用。不同工具之间也会相互影响、相互关联甚至冲突，尤其需要重视政策工具的整合研究和应用。建构主义理论认为，政策工具实际上也是对建构理论的实践，其实效性在实践摸索中不断地优化再优化，为此在进行政策工具的研究之前需要深入剖析其内在含义及其被释放的价值特征。

有学者依据麦克唐纳（McDonnell）等的政策工具理论，依照其功能差异将其划分为：（1）权威工具。它是党政机关基于战略目标的早日实现而采用的常规化手段，是在特定情形下批准、禁止或强制实施的。（2）激励工具。即政府借助一定的经济或政策手段来引导群众正确行使自身权利，以实现自身利益的最大化。（3）能力工具。即政府不定期地为个人或集体提供其发展所需的资源或学术氛围，以保证战略计划的顺利实施及政策目标的快速完成。（4）象征劝诫工具。即借助特定的符号或图像等能够激发群众内在能动力的手段，促使其能够严格按照政策的相关规定来约束自身行为，实现个人发展与组织发展的战略同步。（5）改革工具。即通过加快市场资源整合和产业重组，构建与政策目标相统一的机构或体系，以实现权力的优化配置和责任均摊（林小英、侯华炜，2010）。学术期刊不同于一般的商品，具有社会效益和经济效益相统一的双重属性，尤其是学术期刊的意识形态属性，需要相关部门对其各类主体行为及各项活动的流程进行规范管理和监督，从而确保学术期刊生态系统的稳定。因此，学术期刊的政策管理工具中，强制性权威工具必不可少。政府必须强化对该类资源的市场整合及有效管理，借助科学化的变革工具来助推学术期刊产业使之得以稳定可持续发展；通过采取一定的激励手段加大对现有管理机制的改革力度；借助一定的资金或政策扶持手段，将市场现有的创造性资源逐步转化为能够突破学术期刊发展堡垒的助燃剂；加大对相关产业的重组和技术研发力度；鼓励地方机构共同为实现传统技术与现代技术的融合而献力献策；必须加快实现政策工具的更新换代，构建专门针对期刊出版技术的政策体系及制度方针，以充分发挥建设工具在学术期刊研究中的功能效应；借助数字化技术来为学术期刊的长远发展增添活力。

目前已有不少学者对于政策制度生态因子与学术期刊这一"生

物"的相互影响进行过微观和宏观的研究。朱晓东等（2006）重点围绕新中国成立之后所制定的110多种学术期刊管理政策的发展历程及功能进行了剖析，指出党和国家的系列优惠政策是学术期刊数量增长的重要支撑。从新中国成立到2021年，与学术期刊有关的政策法规大约有200多种，其中与学术期刊关联程度较深的政策规章达110多种。朱晓东等相关学者们分别从管理、出版、经营、发行及规范五个方面，回顾和分析了与学术期刊有关的国家政策和法规对学术期刊发展所起的作用并就未来的研究方向进行了论述，提出了政府应立足于科学技术的适用范围构建符合学术期刊发展的管理机制，地方相关机构必须切实做好对学术期刊研发的配合，学习和借鉴非营利部门的有关做法，立足民营企业发展及国际形势降低学术期刊的主办标准，加大与海外企业的经验交流与合作，建立健全学术期刊审查机制，加大对学术期刊的创新投资力度和技术研发力度，探寻更多可行性的出版渠道和研究模式，加大对相关产业的资金及政策扶持力度，在对以往评价体系进行完善的同时激发全民的参与意识，各类学术期刊必须严格按照相关规定进行执行登记等建议。

学术期刊的未来发展走向离不开政府的引导、资金鼓励及政策支持，政府必须立足于地方实际进行宏观调控，制定专门针对学术期刊发展的制度性条例。尚虎平（2017）在其文章《国际论文生产与国家生产力：一个关于中国科学研究悖论的政治经济学解释》中明确指出：我国科学技术研究成果进步及我国国际论文生产能力同整体竞争力、工业水平及学术期刊的发展之间存在显著的不平衡，归根究底是依然在沿用传统行政式绩效考核模式，这也使得符合第三方评价性质的学术论文成为学术期刊的主要发展方向。在这种学术考核背景下，地方政府为适应市场所需加大了对国际论文的认可力度，先后制定多项激励机制用以提高单位时间内国际论文的产出，一定程度上阻碍了其他学术期刊的发展，说明了唯国际论文的认可导向对我国学术期刊发展有一定的负面影响。沈菲飞（2018）通过对15家院校的岗位晋升标准、学术审查机制、工作绩效及毕业规定等条例的剖析，发现 15 所高校 2017 年适用的制度文件存在过度依赖国外评价体系，这一政策导向形成的马太效应增大了高校优秀论文外流的概率，对我国的学术期刊发展运营造成了较大的影响。2020 年 11 月，《第五轮学科评估工作方案》发布，从思想政治教育成效、培养过程质量、在校生质量和毕业生质量四个维度，强化方向性、系统性、过程性、成长性和多元性"五性"评价。学术论文评价和科研水平评价指标也同时进行多维度调整。学科评价指标体系各项指标的变化对学科建设和学术成果的发表都产生了深远的影响，这一政策导向也势必会很大程度地影响学术期刊的转型发展。这一国家政策文件为学术科研创新性研究和学术研究成果的发表指明了方向。学术期刊的发展与学科建设成效相辅相成，学科评估对学科建设的促进、提升作用不仅有利于学科的可持续性发展，也为学术期刊的发展带来了巨大机遇与挑战。学科评估指标破除"五唯"顽瘴痼疾，突出科研育人成效，回归人才培养逻辑，代表作评价体系中良好的政策环境堵住了之前导致优秀论文大量外流的源头，为学术期刊吸引更多高质量稿源提供了机会，在标志性科研成果认证中强化分类特色评价，为各个行业的学术期刊的发展提供了政策支持和发展动力。该方案明确将"立德树人"作为行动指南，以"立德树人落实成效"作为平衡标尺，切实将培养复合型人才放在战略发展首位，从提升人才思想政治站位、健全学术人才培养体系、加大对生源的考察力度、做好对毕业生学术期刊论文的审查四个方面，全面贯彻落实对学术类人才的选拔及培养。相关部门要摒弃传统单一的学术论文评价机制，构建以标志性学术成果为导向的审查体系，采用定性与定量、国内与国外相结合的模式，根据学术期刊的类型划定国内期刊的占比标准，进而凸显此类学术期刊的创新性与国际性。在这一新的方案指导下，如何科学界定高水平科研成果，如何加强学术期刊传播能力提升国际学术影响，增强我国学科建设和学术期刊的国际学术话语权，为撬动学科学术创新力，如何科学有效培育学术共同体，达成众行致远的整体成长目标等，都是新阶段学术期刊行业人必须认真思考的问题。

要从科技大国转变为科技强国，离不开一流学术期刊的支撑。我国优秀学术论文的大量外流，导致了我国学术期刊的国际地位和话语权严重不足，最终形成了科研成果进步与学术期刊发展进步的巨大剪刀差。张书卿（2019）在《中国学术期刊走出去的现状、问题和措施研究》一文中指出，我国期刊管理制度不够灵活，科学标准缺失的现状亟须改进。学术期刊管理方面，对于期刊刊名的调整程序要求过于复杂。当前学术期刊质量与走出去成果同编辑的薪酬关系不大，导致学术期刊编辑积极性主动性不高，最终造成我国学术期刊因缺乏国际化市场竞争意识和能力而在国际竞争中处于相对劣势。近些年，为加快"世界一流期刊"建设步伐，我国已就学术期刊的发展发布了一系列文件，在顶层设计上为学术期刊的发展指明了方向，并逐步建立了国家层面的学术期刊发展资助政策。这一系列文件和政策的发布，是新阶段学术期刊发展的巨大机遇，更是构建健康学术期刊生态系统促进系统内部良性循环的有利契机。张铁明等（2021）认为构建适宜的政策环境对推动高校学术期刊高质量发展具有重要的促进作用，但通过对我国高校学术期刊发展政策环境现实情况进行分析，发现无论是系统内部的顶层设计、具体项目规划和评价制度还是支持性政策，都存在一些缺失和不足，主要体现在以下几个方面：缺乏顶层设计规划和具体项目支持引领，科技评价环境对高校学术期刊发展不利，高校内部缺乏完善的支持体系。要促进高校学术期刊高质量发展，各个层面的政策环境需持续优化。国家层面上，需进一步创造有利的发展环境；教育主管部门层面上，需提供强有力的政策支撑；在高校层面，则需结合本校实际情况提供坚实的政策、制度、人员和经费保障。

1. 宏观制度的体系化建设

近些年，为加快"世界一流学术期刊"建设步伐，国内已经先后构建了专门针对学术期刊的能够统筹兼顾地方与国家发展的扶持政策和制度体系，为学术期刊的发展提供了良好的政策生态条件（2021）。2018年5月中共中央办公厅、国务院办公厅印发了《关于进一步加强科研诚信建设的若干意见》，明确指出要强化学术水平和社会效益优先要求，建立健全学术期刊管理和预警制度，实行学术期刊动态跟踪、及时调整，提升我国学术期刊影响力，增强学术期刊国际话语权。2018年7月，为建立以创新质量和贡献为导向的绩效评价体系，准确评价科研成果，国务院印发《关于优化科研管理提升科研绩效若干措施的通知》和《关于深化项目评审、人才评价、机构评估改革的意见》，要求对"唯论文、唯职称、唯学历"问题进行集中清理，并通过项目评审、人才评价、机构评估改革来推进科技评价制度改革。紧接着，2018年11月教育部印发了《关于开展清理"唯论文、唯帽子、唯职称、唯学历、唯奖项"专项行动的通知》。2019年8月，中国科协、中宣部、教育部、科技部联合印发了《关于深化改革培育世界一流学术期刊的意见》。2019年11月中国科协、财政部、教育部、科学技术部、国家新闻出版署、中国科学院和中国工程院等七部门联合启动实施"中国学术期刊卓越行动计划"，拉开了学术期刊建设新的序幕。2021年6月，中共中央宣传部、教育部、科技部联合印发《关于推动学术期刊繁荣发展的意见》，指出加强学术期刊建设，对于提升国家科技竞争力和文化软实力，构筑中国精神、中国价值、中国力量具有重要作用，并明确提出了从提升学术引领能力、提升编辑策划与把关能力、优化布局结构、加快融合发展、提升国际传播能力、优化发展环境、加强指导扶持7个维度，推动学术期刊繁荣发展的14点意见，从学术期刊作风学风建设、编委会建设和内容把关制度、出版服务能力和出版秩序、学术期刊评价体系、人才队伍建设等方面做了全面详尽的引导。为全面落实中央《关于深化改革　培育世界一流学术期刊的意见》，推动中国学术期刊高质量发展，各级地方政府和行业学协会也陆续推出了激励学术期刊改革发展、繁荣学术成果传播的大量政策。其中，2020 年 10 月，湖南省委宣传部、湖南省科技厅联合印发《湖南省培育世界一流湘版学术期刊建设工程实施方案》，坚持以"培育世界一流湘版学术期刊"为目标，以"重点引领、梯次跟进、以域施策、特色发展"为原则，完善发展体系，夯实发展基础，优化发展环境，做强优势学科，填补空白短板，构建学术期刊持续发展的创新生态，提升湖南省学术期刊国际影响力和传播力，推动湖南省学术期刊高质量发展。2021 年 9 月，广东省委宣传部与广东省科技厅联合发布的《2020～2021 年度广东省高水平学术期刊建设项目指南》指出，为深入贯彻习近平总书记关于建设世界一流学术期刊的重要指示精神，全面落实《中共中央宣传部、教育部、科技部〈关于推动学术期刊繁荣发展的意见〉的通知》，进一步提升广东省学术期刊的学术影响力和核心竞争力，打造一批具备国际传播力和学术影响力的广东省品牌学术期刊，更好服务科技创新和广大科技工作者，发挥学术期刊在广东省创新驱动发展战略中的重要支撑作用，计划实施一批高水平学术期刊建设项目，扶持资金高达 4200 万元。2021 年，陕西省科学技术协会、陕西省委宣传部、陕西省教育厅、陕西省科技厅联合发布《关于推进陕西省学术期刊深化改革高质量发展的意见》，按照"以习近平新时代中国特色社会主义思想为指导，认真贯彻习近平总书记来陕考察重要讲话精神，全面落实中央《关于深化改革培育世界一流学术期刊的意见》，结合陕西学术期刊发展实际，系统构建学术期刊评价指标体系，分类支持，梯次推进，激发学术期刊内生动力和发展活力。全力推进数字化、专业化、集团化、国际化进程，推动全省学术期刊高质量发展。助力全省自主创新能力和文化软实力的提升，培育一批服务陕西、影响全国、辐射世界的品牌学术期刊"确立总体思路和建设目标，正式启动"三秦卓越学术期刊发展计划实施方案"。

2. 学术期刊产业政策

由于历史和各种社会原因，我国目前学术期刊所处环境和发展状况不尽如人意，尤其是执行层面，政策环境的差别还比较明显，离党中央要求以及国际高水平还存在不小差距。从现实情况来看，学术期刊政策生态系统的顶层设计、学术期刊评价制度、项目规划和各级各类支持性政策的具体落实等仍存在不足乃至缺失，学术期刊政策体系的科学性、合理性仍需不断调整完善。学术期刊政策对学术期刊产业的良好运行和繁荣发展有着关键性的外部作用。制定合理的学术期刊政策可有效整合学术期刊发展所需的要素和资源，从而激发产业活力，提升我国学术期刊的质量和影响力。国家对学术期刊产业的治理在一定程度上必须依靠政策的制定执行来实现。如何优化政策结构以实现学术期刊产业的供给侧结构性改革，提升我国科技资源和科技创新成果与学术期刊水平的匹配度，提高我国科技的竞争力和影响力，是值得我们深入讨论研究的课题。当然，尽管目前影响我国学术期刊发展的政策与生态环境还存在这样那样的问题，某些方面对学术期刊发展的制约还需要进一步调整，但整体来看这一生态环境正在不断改善。为更好发挥我国学术期刊在整个国家科技创新体系中的潜在优势，打造与我国科技创新成长速度相匹配的具有国际影响力的学术期刊，需进一步强调学术期刊产业发展的重要性，系统建设具有中国特色的学术期刊产业政策体系，不断改革学术期刊管理运营体制机制，促进学术期刊的正常发展，为一流学术期刊建设提供坚实的制度保障。学术期刊政策生态因子对学术期刊的正向引导作用越来越凸显，在惠及全体的同时兼顾分层、突出重点的政策实施方式，能为学术期刊产业的蓬勃发展提供坚实的制度保障和强劲的外生动力。通过宏观政策提供坚实的制度保障，在系统整体方针、资金支持和人才保障等环节加强政策工具供给，在学术期刊产业发展资本、技术等需求方面提供合理政策工具，促进学术期刊生产流通，确保学术期刊产业良性竞争，助力学术期刊产业繁荣发展。

3. 学术期刊人才政策

学术期刊从业人员的综合素质高低直接决定了最终的学术期刊质量，关乎着科学研究的严谨性及审稿流程的规范性，也是学术期刊长远发展的根本动力。学术期刊从业人才匮乏、整体综合素养有待提升的现状是导致学术期刊水平与科研水平发展剪刀差的根源所在，政府必须对此类问题有一个清晰的认识和评价，立足科研机构自身发展实际健全人才培养机制，强化对学术类人才的引入及团队建设。按照最新拟定的《关于一流学术产业的建设性意见》，特别强调各级党委要始终将学术创新及打造一流学术产业作为要点。文件中的"人才"指的是所有参与学科领域创新成就和一流成果作品创作过程的人员，其中就包括了具有开拓精神的高水平办刊人才。在学术期刊生态系统中，政策制度这一外部生态因子除了会对学术期刊本体的发展造成巨大影响，同时也密切关乎作者、学术期刊编辑及审稿专家自身的发展。没有政策制度对学术期刊人的正向引导，人才培育和人才积极性、创造力就无从谈起。没有人才的支撑，学术期刊的运营势必无以为继。山丹丹（2010）曾撰文指出政策和制度改革对我国学术期刊人才培养有着重要的影响，只有通过行业更大的刺激机制、加大出版企业对人才培育的力度，才能有效引导人才管理和激励，为期刊的长远发展提供可持续的人才动力。王婧等（2021）在深入开展学术研究工作中，采用线上与线下调查相结合的模式对国内知名的学术期刊进行名单整合并从中随机抽选了 13 家期刊作为访谈对象，展开对我国学术期刊编辑职业发展的调查。研究发现：访谈对象对所办期刊近几年的整体感觉较好，然而绝大多数都对其所在岗位的满意度及认可度较低，加之公众对学术期刊编辑部的职能作用存在较多质疑，未来发展空间十分有限。众所周知的是，学术期刊编辑参与学术期刊审稿的全过程，这种单一的工作模式很难凸显其岗位价值。为保证学术期刊编辑培养的健康环境，相关机构应立足于编辑的岗位性质及学术环境拟定专项政策和管理机制，明确编辑出版单位岗位设置标准，改革评价方式，建立通畅的晋升通道，强化对编辑的理论与实践指导，不定期组织部分考核优异的编辑到其他机构参观学习或出国深造，为我国学术期刊编辑人才的培养、发展、激励营造良好的人才成长环境，助力编辑事业走向成熟。人才评价制度对学术期刊的影响不仅体现在学术期刊人范围，学术论文作者署名的评价制度也直接影响学术期刊稿源的质量和数量。

4. 学术期刊数据政策

随着学术期刊传播载体逐步进入大数据时代，学术期刊数据政策的制定也逐步进入学界和业界研究的焦点范围。数据政策作为新时代的新型政策工具，其运行机制的研究深度及其全面科学的判断对这一政策工具的制定影响巨大，这一过程同样受到学术期刊自身发展水平的影响。有学者曾选取两大著名期刊出版机构爱思唯尔（Elsevier）、威利（Wiley）为研究主体，采用网络调研法，以两大出版机构相关数据政策文本、指南为蓝本，详细解析其科研数据政策类型、科研数据管理各个流程、具体实施措施等。结果发现，爱思唯尔科研数据的存储在保存、可访问、可发现、引用、可理解、审查、可复制、可重用及数据的整合方面均有其独特的优势。威利数据政策框架中就数据共享政策、可用性声明和引用政策等有清楚的说明和可落实的操作途径。这些研究表明两大出版机构都有一系列完备的多层次的数据政策，也都贯穿学术创作的全过程，包括了基本信息的存储、审查、信息互动及学术引用等，其作用机理并无本质差异。以上学术成果均为后期期刊数据政策的制定及有效落实提供了充实的可参考资料和可复制推广的路径。还有学者通过文献综述、案例分析、网站信息采集等方法分析我国数据与论文关联出版现状及 Elsevier、Springer Nature、

Wiley、SAGE Publishing 和 Taylor & Francis 五大国际出版商的数据政策及运行机制，发现五大出版商实施数据政策的模式基本一致：在要求按集团整体政策说明的基础上，也为旗下期刊提供了一定的自由选择空间。Elsevier、Springer、Nature、Wiley、SAGE Publishing 和 Taylor & Francis 旗下分别有 68%、99.9%、92.2%、47.0% 和 69.3% 的期刊明确提出数据政策，但以鼓励为主。在此基础上，学者提出我国学术期刊可以借鉴国际出版商的实践经验，结合我国学术期刊的特点，制定学术期刊数据政策标准规范和实施模式，由少到多、由点到面逐步推动数据出版与学术期刊在广度和深度上融合发展，为推动我国数据出版、建设世界一流期刊提供有力支撑。

尽管目前影响我国学术期刊发展的政策与生态环境由于历史和各种社会原因，还存在这样那样的问题，某些方面对学术期刊发展的制约还需要进一步调整，但整体来看这一生态环境正在不断改善。为更好发挥我国学术期刊在整个国家科技创新体系中的潜在优势，提升国内学术期刊在国际上的占比，需进一步强调学术期刊产业发展的重要性，系统建设具有中国特色的学术期刊政策体系，不断改革学术期刊管理运营体制机制，促进学术期刊的正常发展。科研机构必须始终坚持以宏观战略核心为导向，立足区域学术期刊发展实际及存在的不足分类施策。科学化的学术决策对学术期刊的正向引导作用越来越凸显，也是学术期刊实现长久稳定发展的不竭动力。通过宏观政策提供坚实的制度保障，全面围绕战略发展层面、税务改革层面及人力管理层面完善政策机制，立足国内外学术期刊未来发展趋势拟定开放性政策，为学术期刊的可持续发展探索更多融资渠道，制定更多帮扶政策来激发民营企业参与的积极性，营造公平公正的学术竞争环境，助力国内学术期刊能够始终走在时代前沿。

二、学术期刊对外部政策制度生态因子的影响

外部生态与生物之间互相影响在生态系统中是一条普遍的规律。生物能否顺利生长有赖于良好的外部生态环境，同时，生物本身的活动也会对外部生态产生影响，并在一定程度上改变外部生态环境。在学术期刊生态系统中，这条规律同样存在。因此，我们在经过不同的调查、取样分析等活动充分肯定国家政策法规对学术期刊发展提升影响的同时，也不应忽视学术期刊本身的政策影响力对于国家政策法规制定所产生的影响。张义川（2021）对学术期刊政策影响力的概念进行了界定：学术期刊中所刊载的各类具有学术价值的科研成果，为科研机构、制定者和决策者提供后期学术创作所需要的关键信息，在落实过程中会对受众行为和创作思维产生影响，能够起到影响战略决策的作用。国内针对学术期刊的政策影响力的研究主要围绕三个方面进行：一是政策研究力，主要是特定政策在公布之前，学术期刊中的部分科研成果能够给中央和地方政府等享有决策权限的主体以价值参考并作用于其行为的能力；二是政策传播力，主要是能够通过已经发表或审核通过的学术期刊，为公众获知最新政策信息，为公众进行新政解读、引领学术研究走向的能力；三是决策影响力，主要是已发表的学术成果能够对中央和地方政府的各项决策起到一定的参考价值，或是刊文被引用频率较高的能力。学术期刊的政策影响力一方面来源于国家政策研究的科学性，它是加快推进和谐现代化社会构建的必然选择；另一方面来源于政策咨询的民主性，它是法治建设进程中的重要一环。2015 年 1 月发布的《关于加快推进新型智库建设的实施办法》，特别就构建专项决策体系的重要性及要素进行了论述，强调任何决策在颁布之前都需进行科学咨询，在实现决策公正的基础上带动学术期刊产业的快速发展。必须统筹兼顾科研工作与决策咨询的同步，同时将"构建包括多个学术领域的交流平台"为战略导向。简

单地说，享有决策权限的相关机构在做任何决策或拟订方案之前，都需要保持其针对性与合理性，前期的学术研究是提高其作用成效的关键（李艳中、古明加，2014）。学术期刊能够最大限度地将国内最新的学术成果予以整合，这对于政府各项决策或制度的制定都能起到一定的数据参考，也为后期从单一平台向智库型媒体的成功转型创造了条件。另外，学术期刊的政策影响力也与其本身的传播内容及基本定位不无关联。许多优秀期刊，如《求是》《瞭望》《人口研究》等，办刊的初衷就包括为相关机构政策的制定提供学术依据。学术期刊刊载内容对国家、地方政策法规制定的影响也有据可查。张义川随机抽选了 2018 年发表的两篇政策内容相近的学术论文，验证了前期调研之于决策的作用机制。同时他还立足于文献、政策、思维模式等层面，深入剖析了这些学术期刊在党政机关政策决策中的关联度，剖析发现 2015 年 12 月所颁布的《关于全面贯彻落实"两孩"政策完善计划生育的决议》中的部分政策性条例，在 15 年前的学术报告中就已经有所涉及。这也进一步证实了，学术期刊在一定程度上对政策制度这一外部生态因子有较大影响。学术期刊对政策制度外部生态因子的影响力还与学术期刊人自身政策驱动力的强弱相关。有学者曾撰文指出：在大众传播链条中，扼守于信息流咽喉部位的编辑人要善用框架分析，呼应全面深化改革的时代诉求，充分发挥政策制度在学术研究中的推动力，不断为推进改革提供正能量（秦长江等，2014）。

第二节 经济技术生态因子与学术期刊

作为一个存在于整个学术期刊生态系统中的生物，学术期刊的生存与发展离不开必备的人力、财力和技术，因此市场经济、技术条件等对学术期刊会产生不可避免的影响。市场经济对学术期刊的正面影响主要表现在以下几个方面：一是随着经济全球化进程的加快及市场经济体制改革的深入，学术期刊迎来转型契机。二是市场产业重组及科研政策的层层落实，为提升学术期刊在国际上的占比奠定了根基，也为深化哲学科学理论的研究提供了方向，缩小了国内外学术差距，充分发挥了学术期刊在中外交流中的引领作用（侯波，2015）。三是信息技术的飞速发展和科研投资规模的增加，为以后深化学术期刊的理论与技术研究提供了保障。值得一提的是，体现在经济利益驱使下各类不端行为的频繁发生带来的一系列负面效应不应被人为忽视。学术期刊不应该被全盘商品化，学术期刊应永远以学术质量为刊物的生命线，剖析社会发展的演变规律，洞悉与人类发展息息相关的社会性问题，打破以往理论备受轻视的尴尬局面，切实为建构市场经济体制保驾护航。经济形态的变化也会给学术期刊的发展带来较大影响。随着互联网的普及和移动终端时代的来临，网红经济成为时下备受学术界与社会关注的焦点，以其推广成本低、顾客忠诚度高而逐步打造了互联网直播红海。知识、技术传播与服务是学术期刊的主要任务，在网红经济的大背景下，充分把握互联网速度快、覆盖面广的有利发展契机，能够提升学术期刊学术品牌影响力，有助于增强学术期刊的传播效力提升服务质量，发挥知识网红在市场经营和科普传播中的优势，对提升学术期刊的学术运营与学术传播能力具有重要意义。在网红经济背景下，将知识网红充分运用在学术期刊的知识传播与服务，充分挖掘知识网红的意见领袖作用、市场经营价值、学术趣缘优势，开发不同渠道的新媒体助力学术传播，有利于通过学术传播形式的社区化、传播媒体的社交化和知识传播的科普化来提升知识共享中的学术传播和技术指导，进而推动学术期刊科普传播，改善学术期刊的市场经营状况，提升期刊的学术水平，打造学术品牌，已然成为新时代学术期刊发展的又一新趋势。

科技改革带动了国民生产总值的稳步提升和科研事业的飞速前进。纵观以往的科技浪潮，每一次变革都势必会带来学术思维的转变和社会产业结构的巨大变化并导致社会生产关系和经济结构的巨大变革，学术期刊行业也不例外（郑小虎等，2018）。因为信息技术的出现，学术期刊传播经历了印刷时代（1665～1980 年）及大数据时代（1990 至今）。与此同时，科技变革不仅带动了人类技术的进步，也为助推人类社会从工业经济向知识经济转型提供了契机，学术期刊作为知识经济形态中的一个重要因素，在当今信息时代国际竞争中的地位和价值有了明显的提升，学术期刊提供的科技创新资源对国家综合国力的影响正在逐步加大。另外，信息技术使学术期刊本身的运作方式也发生了巨大的变化。电子信息和网络成为学术期刊出版发行的主要载体，网络在线投稿使学术期刊的稿源更加丰富，编审环节的网络化和自动化也在信息技术的助力下得以实现，科研工作者与学术期刊有着更密切的依存关系。与此同时，网络信息技术拉近了国内外科研工作者的物理距离，学术期刊国际化的趋势进一步突出，学术期刊的质量评估标准、监管体系及预警机制的构建、追责问责机制的建立和完善也在不断适应新技术带来的变革中不断成熟和完善。信息技术为学术期刊传播价值链中各个价值主体价值创造赋能，通过优化期刊编辑出版环节，为科技教育和科技普及开拓了新领域，利用数据和信息技术构建覆盖多个学术领域的专家信息库，以此来实现价值信息的有效传递，也促进了科技信息的转化与应用，让参与学术创作的每一位主体都能为科研事业的发展贡献自身最大价值，最终使学术期刊通过价值实现与增值获得竞争优势。

随着互联网功能的不断强大，数字化技术在科研事业中的应用领域更加广泛。较之于传统单一的出版模式，数字出版在兼容性、传播范围、成本、安全性等层面优势明显，对学术期刊出版流程的组稿、编校、印刷和发行等环节都产生了较大影响，对学术期刊的学术水平和质量以及行政管理和编辑人员也产生了较大的影响。数字出版技术的不断提升、学术成果规模的不断扩大及数据处理技术的更新换代，标志着人类正式步入了大数据时期。与此同时，学术期刊为迎合国际形势加快了产业重组和技术变革，也将面临更多的发展机遇。例如，大数据资源的开发和利用进一步完善了中国数字出版模式，为学术期刊带来了信息挖掘的范式革命，大数据信息的精准提取与过滤使学术期刊科学开展热点式、难点式及一流学术板块设置不再遥不可及，有效提高了学术期刊的效率和价值；数据资源的共享技术为数据发声提供了基础，有效破除了不同学科领域之间的壁垒，信息图谱的直观呈现方式增强了信息的预测功能，大数据技术高系统性、低误差水平和较强的预测效能有效助推了学术期刊的品牌建设。通过对相关数据的挖掘，学术期刊编辑能对学术论文的产出和分布情况进行科学高效的分析并得出优质稿件来源及关联人信息、项目投资者及技术作用于学术创作的增值状况，从而准确凝练学科领域的研究热点和学科发展脉络及方向，最终实现学术期刊的科学品牌建设。

学术期刊作为科学和技术成果发布的重要平台，是相关领域学术主导权、话语权的代表与象征，在一定程度上展现了国家的科技竞争力和文化软实力，是国家科技创新生态链中的重要一环。数字技术的急剧变化，要求我们必须尽快改变学术期刊知识传播和服务的传统理念，充分挖掘技术的优势以尽快提升学术期刊的国内外传播能力。为增强我国学术期刊国际话语权，也为提升国内一流学术期刊在国际上的规模占比、拉近我国学术研究同其他国家之间的差距，我们应理顺对学术期刊发展有影响的经济技术因子等要素关系，立足多个层面全力打造集制度、理念、主体、效益等方面于一体的学术期刊社会协同机制。在制度相互作用、多元主体相互适应、资源相互配合中提升我国学术期刊的传播效能（温优华，2017）。尽管目前相当一部分学术期刊已实施数字出版，并开始了邮件、微信公众号、多媒体官方网站、视频号等方面的推广运营实践，但传播范围依旧有限，读者群较为固定的状况并未得到改观，说明传统的"内容＋渠道"模式显然已经无法适应受众的个性化需求。数字化转型时期投入的人力、物力、财力难以在短期内出现明显的积极效益，加上各期刊对数字化发展缺乏长期整体规划，不少期刊数字化流于形式，"自媒体化"成效不明显，学术期刊数字化发展方向不明确，数字化变革和深入实践的工作缺乏积极性、主动性和连续性，使得期刊数字化产品和服务升级严重滞后于数字化技术和运营模式的更新，无法适应市场的变化和读者的需要。学术期刊管理措施不健全，没有明晰的数字化工作流程和考核评价体系，数字化改革缺乏激励机制，使得数字化技术在实际管理工作中的运用效果大打折扣。

与此同时，加强各学术期刊的融合，以加快创新知识传播速度，提升知识服务水平，助力行业科技创新，推动经济形态变革和发展也是当前学术期刊亟须解决的问题。通过大型商业数据库和信息检索平台融合不同学术期刊媒体以实现学术信息数字化传播，就成为当前经济技术条件下最现实、最有效的形式。国际上较为知名的文献数据库目前有 Web of Science、PubMed、Elsevier、IEL、Springer Link、Engineering Village 等。这些文献数据库同时也是大型的出版公司，规模庞大，业态成熟，在掌握了足够多科技创新资源的基础上，其对科学知识技术数字资源出现了一定程度的垄断性，其不断改善的经营模式又能为其数字化发展和大数据处理提供良好条件和很强动力，学术资源和相关数据垄断带来的经济和社会效益日益增强。基于我国期刊整体上弱、小、散，同质化严重，各个期刊数字化开发海量内容资源技术和资金力量不足，无法提供精准化、特色化、个性化服务，而国外数据库迅猛发展快速抢占学术资源和优势市场的国内外现状，联合各期刊实现文献数据数字化转型并成立我国的数字文献库在知识竞争时代有着非凡的意义，中国知网、万方数据、维普网、国家自然科学基金基础知识研究知识库、CSCD、CSSCI 等数据库因此诞生。

始建于 1999 年 6 月的中国知网是以实现全社会知识资源传播共享与增值利用为目标的知识信息化建设项目，提供 CNKI 源数据库、外文类、工业类、农业类、医药卫生类、经济类和教育类多种数据库。除提供文献搜索、数字搜索、翻译助手、图形搜索等数据资源库检索服务外，中国知网还提供数字出版、数据评价、全面的学术资源网站导航、学术统计分析、学术文献绩效评价及统计分析等服务。万方数据是一个数据知识服务平台，成立于 1993 年。2000 年，在原万方数据（集团）公司的基础上，由中国科学技术信息研究所联合中国文化产业投资基金、中国科技出版传媒有限公司、北京知金科技投资有限公司、四川省科技信息研究所和科技文献出版社等五家单位共同发起成立北京万方数据股份有限公司。作为国有信息内容服务企业，万方数据是服务国家科技创新的主力军。《人民日报》评论称其为"中国数据库产业的曙光"。这一数据服务平台通过整合海量学术文献，构建多种服务系统，为用户学习与探索、科研与创新、决策与管理过程提供助力。万方医学信息服务平台则提供医学信息资源整合发现服务，中西医结合一体化临床诊疗知识服务，及多维度数据统计分析服务。数据库的文献相似性检测服务可为用户提供相似性检测结果及场景化服务。与此同时，万方数据的视频知识服务系统和中国地方志知识服务系统还提供以科技、教育、文化为主要内容的学术视频知识服务及以地方志为核心资源，以知识发现和知识挖掘为设计思想，通过对地情文化资源的开发利用，给用户提供数字化、可视化、时空一体化的互动体验以助推地方文化建设。万方数据库可提供的企业产品包括：技术创新知识服务平台，行业知识服务系统，标准管理服务系统，内部知识构建系统，科研项目知识管理系统，企业竞争情报解决方案，企业知识管理解决方案，大数据决策支持系统。基础教育产品有：万方数据中小学数字图书馆，基础教育科研服务平台，万方在线组卷系统，万方少儿数字图书馆，万方学前教育知识库，云屏数字阅读系统。与此同时，万方还提供全球智库（ThinkTank）、万方创新助手（STADS）、创新助手机器人等软件服务。维普网（原名：维普资讯网）是重庆维普资讯有限公司于 2000 年推出的一家综合文献数据库。维普网包含数据库出版发行、知识网络传播、期刊分销、电子期刊制作发行、文献资料数字化工程等多种个性化服务。2003

年，重庆尚唯信息技术有限公司与武汉大学信息资源研究中心联合研制了《尚唯全文检索及海量信息内容管理系统》，将资源和技术很好地融合在一起，现已成功将该系统应用于《中文科技期刊数据库》《外文科技期刊数据库》《中国科技经济新闻数据库》和《医药信息资源系统》《航空航天信息资源系统》等十几个数据库的产品。到2019年6月，维普公司收录有中文报纸400种、中文期刊12000多种、外文期刊6000余种；已标引加工的数据总量达1500万篇、3000万页次，拥有固定客户5000余家。维普数据库已成为我国图书情报、教育机构、科研院所等系统必不可少的基本工具和获取资料的重要来源。国家自然科学基金基础研究知识库（The Open Repository of National Natural Science Foundation of China）作为我国传播基础研究领域的前沿科技知识与科技成果、促进科技进步的开放服务平台，收集并存储国家自然科学基金资助项目成果的研究论文的元数据与全文，涉及数理、化学、生命、地球、工程与材料、信息、管理、医学等多个领域。中国科学引文数据库（Chinese Science Citation Database，CSCD）是我国第一个引文数据库，具有建库历史最为悠久、专业性强、数据准确规范、检索方式多样、完整、方便等特点，收录我国数学、物理、化学、天文学、地学、生物学、农林科学、医药卫生、工程技术、环境科学和管理科学等领域出版的中英文科技核心期刊和优秀期刊千余种。系统除具备一般的检索功能外，还提供引文索引和数据链接机制。中文社会科学引文索引（Chinese Social Sciences Citation Index，CSSCI）是用来检索中文社会科学领域的论文收录和文献被引用情况的数据库，目前收录包括法学、管理学、经济学、历史学、政治学等在内的25大类的500多种学术期刊。

在学术期刊资源数据化进程中，数据库和数字图书馆发展的竞争在全球范围内快速上升到白热化阶段，与此同时，学术资源视频传播等也在蓬勃发展。Sensor Tower 的统计数据显示，截至2020年2月全球范围内的 TikTok 安装次数近1.13亿次，累计下载量已达19亿次，传播符号已逐步转变为图、文、影像的融合，视觉化内容逐步发展为信息传播的重要载体。出版、传播技术日新月异的发展迫使学术期刊出版随之发生变化。大数据、人工智能、虚拟/增强现实、区块链、流媒体技术等新技术不断渗透到学术期刊出版的各个环节，学术期刊也逐步围绕视觉意义实践生产和传播。新的信息技术和出版模式为科研共同体学术交流平台搭建提供了实时交互和数据共享的技术基础，AR 出版的 3D 视觉呈现、多媒体融合、虚实融合等特点丰富了学术期刊出版物的呈现形式，打破了学术期刊纸质版面的限制，极大地拓展和丰富了知识传播的内容，提升了知识传播的价值，为学术期刊读者带来了全新的阅读体验。同时，通过 AR/VR 再现真实实验场景，提高了学术研究的透明度和可重复性，在一定程度上有效防范了学术不端。学术期刊数字化转型出现了以集约化、规模化进行资源统一配置实现规模效应的期刊集群化改革和以数字期刊出版联盟形式将同一学科的学术期刊链接，把相关期刊的内容集中通过网站发布的学术期刊联合模式。技术与资本结合下，学术期刊逐步进入学术出版云服务平台时代，学术期刊寻求全产业链发展的趋势也在逐步加速。除了努力提升期刊自身"造血"能力这一基本途径之外，为聚焦行业产业难题，服务国家重大战略需求，部分学术期刊已经开启了"学会 + 产学研"发展模式（刘俊等，2016）。中华医学会就凭借拥有 100 多种高水平、多品种医学期刊的实力，在原期刊单位保留所有权基础上通过把期刊数字版权的经营权按一定条件进行市场转让，通过招标方式整体销售数字出版权，在全社会范围内适度集中配置期刊数字资源的，获得了较以往高出 20 多倍的收益，以达到期刊数字化转型所需要的规模。为孵化科研成果，部分学术期刊在"内引外联"中通过"刊企"联动、试点期刊商业化运作，越来越多的社会资本注入学术期刊，在共赢格局中推动了出版产业链的快速融合发展。2015 年今日头条知音版的正式上线例证了传统刊社可在新型版权利益分配与合作基础之上成功实现数字化转型。

随着科技的快速发展和互联网的普及，信息技术不断加速革新，目前已进入迅猛发展日新月异的阶段，信息技术革命已将人类社会活动推上了变革的极速通道。随着信息技术的更迭乃至颠覆性变革，呈几何次幂不断增长膨胀的互联网数据裹挟着各类信息奔涌而来，模糊了传统时代不同主体之间的界线，打破了原有的疆域、领域概念，重构了组织机构与个人之间的各种关系，对国家、组织、个人等产生了巨大影响，也倒逼着个人、组织和国家为顺应其发展而不断改变。在信息技术更迭的推动下，学术期刊的投稿、编校、出版方式等也经历了多次变革。同时，学术成果公开化、同行评议透明化、文章形式多样化、评价指标多元化、稿件处理智能化、编辑工作全能化也在信息技术的支持下逐步实现。多元化的数字媒体手段、高速的网络信息传播、完善的市场营销理念等，也为中国学术期刊的发展提供了一定的技术、市场和经济条件。与此同时，日新月异的传播媒体变革使得学术期刊、报纸等传统媒体面临更为激烈的竞争。网络媒体、手机媒体、自媒体等因其内容丰富形式多样，吸引了大批受众并通过快捷方便的积极互动进一步满足了受众个性化、快捷化、便利化的需求，对传统媒体社会地位有着直接的巨大冲击。数字化新媒体环境下，受众自由多元的信息获取方式，在一定程度上动摇了中国学术期刊传统的社会地位，其权威的学术引导功能逐渐面临退化的风险。数字媒体逐步打破知识学术的垄断壁垒，以更自由的方式为学术研究提供发展空间，传统学术期刊急需做出改变来吸引年轻受众。要实现中国学术期刊的市场化、数字化充分发展，就必须紧抓信息数字化发展所带来的机遇，充分利用数字媒体平台做好知识传播服务，合理调整以适应读者的阅读习惯和作者的写作习惯，并紧跟读者阅读兴趣、流行文化、新媒体形式的变化来吸引读者和作者，创新学术期刊的出版和传播方式，以谋求学术期刊的广泛传播和长远发展。

■ 第三节 社会环境生态因子与学术期刊的相互作用

社会环境的和谐稳定对学术期刊的可持续发展构成实质性影响，学术期刊所处的社会环境因子包括学术期刊所处的社会经济、文化、科技环境等各类对学术期刊的形成和发展起着重要作用的宏观因素。这些因素种类数量众多，且互相之间存在千丝万缕的联系。与此同时，学术期刊在适应社会环境各个生态因子的过程中也在一定程度上改变了这些生态因子中的某些因素。

社会环境中人才队伍素质的高低更是学术期刊办刊质量的核心。一方面，学术期刊的主要发展动力来源于其行业从业人员的整体素质和工作效率。学术期刊编辑作为这一行业中最主要的一个群体，对学术期刊行业的发展有着举足轻重的影响。另一方面，学术期刊编辑作为社会人，其职业成就感与其收入、社会地位、未来的发展空间等紧密相关（魏志勇，2015），其所处的社会环境对其从业创造性和积极性的影响也很大。就当前国内学术期刊编辑的薪资结构来看，其薪资待遇较之其他企业人员落差较大，在职位晋升、市场影响力及待遇方面较之其他编制人员远远不及，高等院校及其他科研机构的导师、研究人员也比学术期刊编辑有着更高的成就感和收入。社会环境导致的职业满意度落差一定程度上影响了学术期刊编辑的心态，使其对工作及自身业务素质提升等产生了消极情绪和影响，也影响了学术期刊编辑队伍的更新和整体队伍素养的提升，最终对学术期刊整体质量提升造成严重影响。

于区域发展而言，学术期刊在市场上的影响力直接关乎着该地区经济发展的进程，对地区的社会经济、文化和科技产生着不同程度的影响。学术期刊中的各类实验数据、文献资料等均为政策的制定提供了理论参考；以系统全面的理论及文化体系为发展导向，有助于打造更加浓厚的学术氛围，进而为地方学术期刊产业的发展做好铺垫。学术期刊深植于社会经济发展大潮中，借助学术期刊覆盖面广、传播速度快的优势能强化地区文化建设，也能有效扩大地方文化影响力和学术影响力。此外，学术期刊所刊载的文章和其所传播的理论，也源自其所处社会经济发展的现实条件，经济活跃、学术创新资源丰富、文化底蕴较深厚的地区，所拥有的高质量学术期刊比例也会更高，学术期刊的发展也更快。可见社会环境生态因子与学术期刊这一生物之间存在巨大而深远的互相影响关系。

学术期刊所处社会的文化、教育生态因子也在一定程度上从创新思维培养、学术研究习惯等方面影响学术成果创作者、加工者、审议者的工作质量和效率。因循守旧的教育系统下，人才培养中创新意识相对缺乏，随波逐流思想在一定程度上会限制创作思维的宽度和深度，在面对学术权威时敢于质疑的比例也会相对较低，其创新成果产生的难度自然也会增大很多，这对于学术期刊的发展有着较为严重的桎梏作用。

社会环境中大数据的挖掘和互联网的普及，迫使学术期刊这一生物快速进化以适应外部生态的变化，也为学术期刊这一生物自身的进化提供了绝佳的机会和升格的条件，在互联网的加持下，学术期刊这一生物的影响力可以更大，在大数据的支持下，学术期刊这一生物本身的结构可以变得更为精密，发挥的功用也变得更为强大。

此外，学术期刊所处社会中公众对各类技术变化的敏感程度、接受程度和应用学习进度以及信息传播与知识服务技术形态的变化速度等也对学术期刊知识传播与服务能力效果有着直接的影响和牵制作用。在经济较为发达的地区，公众的信息敏感度普遍较高，他们对创新技术的期待悦纳情绪也较浓，更愿意通过合适的途径接受学术期刊所传播的内容，并通过自身的主动学习来提升相关技术，甚至在不断实践创新技术的过程中，通过积极发挥个体的创造性加速创新技术的迭代升级，为学术期刊的高质量创新内容提供源源不断的供给。

■ 第四节　学术环境因子对学术期刊生态的影响

和谐稳定的学术环境是打造良好学术风气、提升人才培养质量、激发科研创新活力的重要保障。学术环境在近几年的发展中较之以往有了明显程度的改善，对提升单位时间内的学术产出及学术质量起到了积极的推动作用。2016 年 1 月，国务院办公厅发布了《关于深化学术生态建设的制度性意见》，明确指出各级政府应始终坚持"以问题为导向、以改革为手段"，全力助推人才培养机制的构建和完善，加快推进政府职能从管理到服务的转型，制定专门针对科研工作的管理机制和考核机制，打造集民主、诚信、人才、管理、政策等于一体的学术生态，纠正科研工作者对其所在岗位的错误认识和学术评价，切实为实现科研事业稳定快速发展奠定根基。科研机构必须始终将走创新化发展的道路作为战略核心，结合区域发展实际设定科学的学术创新标准，摒弃传统单一化的创新理念，加大对新题材、新领域、新技术的探索和挖掘，打造公平公正的内部竞争环境，构建科学完善的激励政策来激发科研工作者参与学术创新的积极性。坚决打击各类学术造假或其他违背学术公平法则的行为，为科研工作者提供更多展现自我价值的机会，激发团队合作意识及对其所在岗位的认同感和责任感，必须构建一套公平公正的竞争机制和考核体系，促使科研工作者能够在学术创作的全过程中始终坚守道德底线，坚持自我约束。倡导广大学术作者能够始终发扬爱岗敬业、不畏强权、勇于创新的精神，能够始终坚守学术底线、落实学术规章、彰显学术权威，能够切实为学术期刊的发展办实事办好事。始终坚持将依法办刊放在战略发展的首位，拟定更具针对性的产权保护机制，结合岗位性质及学术素养为其开放部分权限。强化与地方媒体及知名法律顾问的学术交流，不定期组织科研团队成员填写查摆清单，切实将不端行为扼杀在萌芽状态，保障各类科研活动能够始终与国家战略发展的进程相同步。必须充分认识到人才之于国家发展的重要性，"全力打造和谐稳定的学术生态和不畏权威、迎难而上的学术氛围，尊重科研工作者的个性化发展需求，明确科学面前无等级之分，激励科研工作者敢于向传统说不，打造集培育和竞争为一体的学术环境"。

和谐的学术环境有助于带动学术质量和学术产出的同步提升，反之，则会阻碍其健康发展。和谐学术环境的构建并非短时间内能够完成，学术期刊在其中扮演着十分重要的角色。论文是学术成果的外在表达，对于其学术贡献值的评价需要借助于学术期刊来实现。学术环境之于学术期刊的发展影响体现在学术氛围及学术质量上，进而作用于科研决策。学术环境的评估主要采用定性与定量相结合的综合评价模式。不和谐的学术不端行为的频繁发生归根究底在于学术评价机制的不合理。就当前国内学术期刊的功能发挥来看，尽管在发展之初确实取得了一定的成效，但随着数字化技术的普及，传统单一的应对机制已经无法肩负起这项重任。剖析造成这种不和谐学术环境的原因，朱剑（2011）在学术研究中将其归纳为：（1）学术论文的产出量难以跟上学术期刊发展的进度。诚然，期刊的市场影响力及被引用频率与论文质量直接挂钩，这就对学者自身的创作水平提出了更为苛刻的要求；必须兼顾学者的个性化创作需求与期刊战略发展的同步，为一流学术论文提供更多可供选择的发表渠道，这就需加快期刊产业重组和提升审稿水平。倘若无法解决这些实质性问题，一流学术论文的发表将频频受阻，低质量学术论文在国际上的占比将会稳步提升。（2）结构的不合理导致学术创造始终无法实现与学术期刊需求的同步。首先，综合研究的被引用频率较之专项研究优势明显，这也导致综合研究在学术期刊中占比较大，一流的学术论文占比较低；其次，学术期刊内容的不完整性导致学术研究的失败或被迫终止，使得部分重要领域的学术研究备受轻视，理论与实践研究的不足、经验的欠缺及文献的不完整性致使宏大研究质量始终难以获得实质性突破。（3）学术期刊结构的不合理导致后续研究基金链的不稳定。以高校的学术研究为典型，综合学报的创办与其学校的规模和教学质量不相匹配；那些学术创新水平较高、学术产出较大的高等院校对于学报类型的选择也仅仅局限于综合性学报，这种看似均匀的资金分配导致有需求的科研机构往往因资源的供应中断而使研究失败，最终体现在学术期刊办刊能力与其所得资源的不统一。（4）综合期刊与学者思维的不统一。就理论层面而言，综合期刊的跨领域优势并未充分发挥。受经济全球化大趋势影响，综合性期刊无疑在学术界占到半壁江山，跨领域的特点决定了其服务人群应是那些有跨学科研究需求的个体或集体。实际上，结合当前综合性期刊的发展现状看，国内现已经发表的一流学术期刊无法填补版面漏洞，更多的是将多个专业领域的学术内容进行拼接而成，很难凸显作者本身的创作意愿和研究主题，学术作者与阅读群体的界定不明。加之编辑部人岗匹配不均，每个成员都需同时负责对多个一级学科的质量把关，在学术水平和审稿水平十分有限的情况下，很难在最短的时间内挖掘潜在的学术不端行为，审稿流程的规范性也无法得到有效落实。（5）欠缺一套相对科学合理的评价机制及健全的监管体系。当前，国内针对学术期刊的能力评价仅仅是根据其学术排名，以此作为后期科研决策的参照。实际上，学术评价的功能在于帮助科研机构查找自身不足，以便于及时进行整改和改进，其中收录的来自全国各地的综合学术成果对于科研决策咨询及数据参照都能起到很好的借鉴。现有的评价机制主要是以学术排名为重心，这在短期内对于提升国内学术在国际上的占比意义重大，却违背了学术期刊创办的服务初衷，归根究底还是在于机构本身的价值观问题。

如何构建友好的学术环境，促进学术期刊生态体系的和谐发展，是当今急需解决的重大问题。坚持学风自治和制度规范同步，构建集预防、教育、监管、奖惩于一体的信用机制。强化对学术道德和学风的建设及监管体系的完善，制定一套相对科学合理的考核机制，设立专门的学术诚信档案并不定期公开，加大对各类不端行为的查究惩处力度，对于弄虚作假或信息不实等现象给予严厉通报并向社会公开，或是在多个学科领域的立项、职级晋升及学术评定等层面予以限制。强化对科研工作者学术素养和创新水平的培养，引导其能够始终坚持诚信自律，不受利益驱使而突破道德底线，不投机取巧，严禁篡改科研数据或捏造学术事实；严禁采用各类手段来盗用或临摹他人学术成果并将其挪为己用；不能过分追求学术规模而忽视学术质量；严禁将学术创作交由中介或代写机构全权负责，或是通过金钱交易来获取发表资格；严禁违背学术公平法则，诸如在学术组织、学术创作及学术评审中借助职权或是人情走后门。不定期组织培训，强化科研工作者的道德自律意识，严守道德底线和诚信法则，始终保持科学严谨的工作态度和求真务实的学术作风。通过采取不断优化学术环境营造良好创新氛围的各种措施，全力助推我国学术环境建设向着更高层面迈进，这对于加快推进良好的学术期刊生态系统意义重大。

第五节　学术期刊评价因子的导引作用

评价（或评估）作为人类认知处理过程模型中最复杂的认知活动之一，是通过计算、观察等一系列方式对事物意义、价值或发展状态的分析、研究和评估，其本质是一个复杂的判断处理过程。学术期刊评价则是指评价者根据特定的评估标准对某个学术期刊的审稿流程、学术质量、学术贡献值、综合评价、出版技术等进行量化或非量化的测量和评判的过程，其主要功能为诊断、导向、激励、鉴定和引导学术期刊事业发展（胡绍军等，2020）。学术期刊评价对于不同的评价对象所产生的作用和相关功能均有不同。学术期刊本身可通过评价的诊断鉴定结果对学术期刊的办刊成效、刊物的学术传播效果、学术期刊的未来发展方向及当前需要调整的问题等进行一个相对全面的了解。学术期刊管理部门则能在鉴定结果的基础上全面系统地了解不同层次、学科方向、地域等的学术期刊状况、学科特点，了解不同层次学术期刊的具体分层信息以便更好地制定学术期刊的引导方向、管理措施和激励机制。学术期刊的评价结果，也能帮助学术期刊读者根据自己的需求更快定位目标期刊，聚焦阅读内容，提高阅读效率。作者能在评价结果的引导下有效提升优质期刊的筛选效率以便更快地确定投稿大致范围；科技成果管理部门也可以通过学术期刊评价结果和相关数据梳理出科技创新人才、科技成果和科技项目的相关信息。学术期刊项目资助和管理部门同样可由此得出被资助学术期刊的基本状况并在监控、引导过程中提供更多的依据。

　　学术期刊中所收录的各类学术信息都是经由同行评议后进行发表，一般都是针对特定的学术领域。它是学术水平的综合体现，并服务于那些有特定研究或阅读需要的个人或组织，其覆盖范围是以原创、综述或是会议纪要等类型的文章为主。就广义层面而言，学术论文大致分为两种：一是为服务社会科学而进行的逻辑推理；二是结合实验数据进行的系统剖析和论证，主要适应自然科学。狭义的学术论文则指用统计数据写成的学术论文。学术论文是各领域科学研究人员努力创造的学术研究成果，这些成果的传播交流应用对于推动社会管理质量、提升行业生产能力和产品质量等方面有着举足轻重的作用。学术期刊作为学术研究成果传播交流的重要载体，其质量的优劣对于良好学术科研生态的构建有着重要的作用，科学、客观、严谨的学术期刊评价能争相刺激学术期刊质量的发展，从而繁荣学术营造良好的学术生态环境，因此学术期刊评价也是学术期刊外部生态的一个重要因子。

　　针对各国学术期刊水平的综合评价主要是根据被《科学引文索

引》（Science Citation Index，SCI）和《社会科学引文索引》（Social Sciences Citation Index，SSCI）收录的学术论文的多寡。此外，《工程索引》（The Engineering Index，EI）、《科技会议录索引》（Index to Scientific & Technical Proceedings，ISTP）、《科学评论索引》（Index to Scientific Reviews，ISR）等也是当前评价学术期刊级别的重要指标。科学无国界，但科研存在国际竞争，科学家也是有祖国的。随着科学技术国际竞争日益白热化，国家间的技术壁垒在日益变厚变高，学术期刊评价指标体系对国家科学研究成果的影响日益凸显，学术期刊高质量发展是当代中国社会发展最急切、最深刻的内在诉求之一。反观学术期刊国际评价体系，评价标准制定主体整体来看相对集中，其所能把控的优质学术期刊也较多，对学术研究成果资源的占有率也更高。国际科技竞争中的战略性优势与获取国际学术期刊评价标准制定主体资格有着密切相关的联系。这一外部生态因子问题能否得到根本有效的解决，是我国学术期刊发展的重要一环，也是构建我国健康学术生态和积极发展的科研环境的重要性决定因素。

学术期刊高质量发展宏观上来说指的是学术期刊整体业态的高质量发展，微观上的学术期刊高质量发展则是指个体刊物的高质量发展。整体业态的评价体系、评价指标对于个体刊物具有很强的指导性作用（李艳，2015）。学术期刊评价的科学性、客观性、公正性等对个体刊物质量的提升和整个行业的整体稳定极其关键。在如何科学评价学术期刊质量方面，学术界一直没有取得完全一致的意见，学者们就学术期刊的评价体系、机制、指标和方法方面也有着各自不同的看法。根据评价手段不同，学术期刊的评价有定量和定性两种评价手段。学术期刊在传播学术成果时，既会产生社会效益也会产生经济效益，因此从评价结果使用范围来看，又可分为社会效益评价和经济效益评价两种。目前常用的学术期刊评价方法基本是以布拉德福、加菲尔德及特鲁斯威尔定律为核心构建的基于学术期刊发展的理论框架，遵循其被引用频率及回溯期限等多个指标进行量化评价，因为其具有较好的操作性，得到了业界的普遍认可和应用。但也有不少学者提出理论的适用性必须基于被评价对象的现实基础。这些量化手段的评价主体与标准导致我国优秀学术成果大量外流，国家学术研究经费两头付费却面临技术卡脖子问题等也是学术期刊评价体系亟须本地化改进的现实原因。

虽然我国学术期刊评价起步较晚，但随着我国经济社会的迅速发展和学术研究的不断深入，学术期刊评价数据库的建设也取得了长足的进步。由北京大学图书馆与北京高校图书馆期刊工作研究会联合编辑不定期出版的《中文核心期刊要目总览》（俗称"北大版核心期刊"）对核心期刊的认定主要通过载文量、收录量、总被引频次、影响因子等五项指标对社会科学和自然科学等各种学科类别的中文期刊进行综合评估。中国科学文献数据库（CSCI）是国家科学数字图书馆资助的项目，结合对全文数据库的开放链接，建立中文学术期刊的基于web的科技文献文摘的科技知识发现、评价和推介服务体系，面向广大机构和个人用户提供中文学术期刊文献资源的有效发现和评价服务。中国科学文献计量评价数据库（ASPT）是中国科学院文献情报中心（A）、中国社会科学院文献信息中心（S）、北京大学图书馆（P），中国学术（光盘版）电子杂志社（T）共同建设的《中国科学文献计量评价数据库》。

中国期刊全文数据库（Chinese Journal Full—text Database, CJFD）是我国第一个学术期刊全文检索与评价数据库，由教育部主管，清华大学主办，中国学术期刊（光盘版）电子杂志社创办，是我国知识信息生产、传播、应用和期刊评价、管理的现代化运作平台，以光盘和网络等形式向国内外读者提供动态知识服务，并为中国科学文献计量评价研究中心进行期刊评价提供基础数据，为新闻出版总署等有关期刊管理部门提供期刊管理数据。中国学术期刊引证报告（CJCR）基于中国的具体情况，参考美国 JCR 的模式，以中国科技论文与引文数据库（CSTPCD）为基础，选择数学、物理学、力学、化学、医药卫生、工业技术、电子与通信、计算技术、交通运输、航空航天、环境科学等学科的 1000 多种中国出版的中英文学术期刊作为来源期刊，根据来源期刊的引文数据，进行规范化处理，计算了总被引频次、影响因子、即年指标、被引半衰期、论文地区分布数、基金论文数和自引总引比等十余项学术期刊评价指标，并按照期刊的所属学科、影响因子、总被引频次和期刊字顺分别进行排序。

中文生物医学期刊文献数据库（CMCC）是解放军医学图书馆创建的面向医院、院校、科研、图书情报、医药卫生和医药出版等单位的中文医学期刊文献摘要数据库，几乎收录了国内生物医学领域的全部核心期刊、重要刊物以及与生物医学相关的一些自然科学期刊，内容涵盖了生物医学的各个领域及其边缘学科的相关领域。

中国人文社会科学核心期刊要览（CASS），也叫"社科院版核心期刊"，是中国社会科学院文献信息中心在多年的期刊研究基础上完成的一项科研成果。它采用我国目前年度收文量最大的引文数据库和其他大型文献数据库作为统计数据源，运用文献计量学的理论和方法对哲学、政治、法律、经济、文学、历史等重要学科领域中的 300 多种核心期刊进行综合统计分析，邀请各学科权威专家进行评审，力求客观地反映期刊的学术影响力。

中国学术期刊引证报告（统计源期刊）是基于中国期刊发展实际情况，受科技部委托，按照美国科学情报研究所（ISI）《期刊引证报告》的模式，将中国出版（不含港、澳、台地区）的 1500 多种（2004 年版）学术期刊列为《中国科技论文统计源期刊》，学科范畴主要为自然科学领域，是目前国内比较公认的科技统计源期刊目录，具有很高的学术权威性，人们习惯称其为"统计源期刊"，又称为"中国科技核心期刊"。

中国科技论文与引文数据库（CSTPCD）是中国科技信息研究所受国家科技部委托，从 1987 年开始对我国科技人员在国内外发表论文数量和被引用情况进行统计分析，并利用统计数据建立的数据库，受到社会各界的普遍重视和广泛好评。中国科技论文统计源期刊是CSTPCD 的数据来源。通过中国学术期刊综合指标评价体系对期刊学术质量的考核，CSTPCD 每年对收录期刊的范围进行调整。

中国科学引文数据库（CSCD）收录我国数学、物理、化学、生物学、医药卫生、工程技术、环境科学和管理科学等领域出版的中英文科技核心期刊和优秀期刊近千种。核心库的来源期刊经过严格的评选，是各学科领域中具有权威性和代表性的核心期刊。扩展库的来源期刊也经过大范围的遴选，是我国各学科领域较优秀的期刊。具有建库历史最为悠久、专业性强、数据准确规范等特点，被誉为"中国的 SCI"。

中国学术期刊综合评价数据库（CAJCED）是国家级火炬计划项目，是以《中国学术期刊》（光盘版）和中国期刊网专题全文数据库的评价数据为基础而建立起来的大型数据库。CAJCED 是《中国核心期刊要目总览》数据源统计的分析工具、《中国科学引文数据库》和《中国人文社科引文数据库》来源期刊的重要依据。该数据库为各期刊管理部门进行期刊管理、评比及期刊的其他定量分析研究提供依据和统计分析结果。在《中国学术期刊综合评价数据库》来源期刊及其统计分析的基础上结合《中文核心期刊要目总览》，由评价中心《中国人文社会科学引文数据库》专家遴选 900 多种社科类优秀期刊作为来源期刊。

尽管各种学术期刊评价数据库不断涌现并取得了长足进步，然而各种社会评价对学术期刊发展的影响褒贬不一。针对核心期刊评价，有学者指出，因学术评价与核心期刊评价存在互相利用关系，核心期刊评价已存在被工具化使用、异化神话严重等问题，最终导致整个核心期刊评价体系被质疑。李军林（2016）在《中国特色人文社会科学评价体系的根本任务与原则遵循》一文中指出，人文社会科学评价存在两个误区：科研水平较高的国家所采用的评价体系相似的看法是错误的，实际上不同发达国家基于自身经济水平及战略规划的差异，评价指标、评价体系及评价的重难点各有不同。为此，我们应当坚信，构建符合中国发展特色的学术评价体系是必然趋势。此外，因不同学科、不同研究所承载的功能、定位存在差别，单一通用的评价体系在我国当前人文社科成果评价中并不适用。评价原则、方法的使用要基于不同学科的发展定位，以及研究的功能属性而定，需要呈现多元化、复合性的特点。必须充分认识到人文社会学科及自然科学的研究乃是两个不同的学术领域，思维模式及研究侧重点也会略有不同，学术功能及学术价值的转换差异明显，为此不存在一种能够同时兼顾自然科学和人文科学的评价体系。人文社会科学应从国家政策中寻求具有中国特色的合理定位，在全力"打造国内一流学术期刊、强化政治自觉意识，助推科研事业发展、引领学术走向"等方面来拟订符合人文社会科学及期刊发展的战略规划。李军林在研究过程中同时指出，人文社科评价的核心在于：全力助推国内学术期刊迈向国际顶尖层次，提高国内学术论文在国际上的占比及话语权，为打造能够影响国际期刊政治格局的学术平台提供智力支持，提升能够凸显中国期刊特色的"软实力"。人文社会科学应始终秉持着"道路自信、理论自信、制度自信、文化自信"这一宗旨不动摇，充分发挥学术期刊在弘扬文化、建设文明强国中的理论导向，严格遵守几大原则：立足学科领域及期刊未来发展实际拟定内容丰富、工具多样的评价体系，不搞个人主义。考虑不同研究成果的功能定位，进行区别化评价；坚持专家同行评议与引文计量两种方式并重；坚持国际评价与国内评价并重，两者不能偏废。除此之外，人文社会科学评价体系的建设还需要良好的制度环境，建立公平合理的评价环境，加强学术规范并努力实现评价主体的多元性与独立性。当前核心期刊评价存在评价缺少系统性建构、影响因子导致学术不端、学术期刊个性缺失、不能共享发展成果，负面效应明显以及整个行业不稳定等问题。要完善核心期刊评价体系，需建构高质量发展的系统化学术期刊生态，加强国家层面顶层设计，在公开公正程序指引和公众的参与监督下推进学术期刊评价制度和评价指标体系建设，突破既有经典理论法则，按学术期刊发展的内在规律性要求大胆探索多元有序发展的学术期刊评价创新，以建构具有中国本土特色的学术期刊评价体系。

也有学者认为，期刊评价实际上是以数据库中的所有学术论文为参照进行的整体评价，学术评价则是针对特定研究领域单个论文影响力及贡献值的评估，后者较之前者的审核流程更为规范，评估结果更为贴合实际。目前国内现有的科研方法及技术无法实现对人类思维和精神产品的学术贡献进行精准定位，也很难实现对学者个性化研究结果和学术质量进行有效评估，因此期刊评价不能代替学术评价。引文索引则是借鉴于学术期刊中的部分数据或实验结果来对学术论文之间的相关性进行剖析，进而体现出不同学术领域、不同期刊及不同学术成果之间的相关性，同时还兼具了对科研成果的评价和推荐，这是引文索引从之所以能得到学界重视的主要原因。但在国内"评价排序"中引文索引强大的"推荐"功能被弱化，因此如何让评价回归其主要功能还值得学界与业界仔细研究。沈固朝指出：评估手段的单一化、思维模式的局限化所引发的负面效应已经无法被人为忽视，其根源还是在于评价体系的不完善，加之评价体制和学术环境、政策机制、考核体系、专利保护及长效机制等关系密切，为此应立足多个层面来对主体、思维及工具进行综合评价。要建设创新型国家、提高国家竞争力，必须深入挖掘当前学术评价机制中存在的不足，切实带动学术事业始终向着创新化发展的道路迈进。

学术期刊是体现学术价值及学术氛围的重要载体。当前，为纠正学术界的不良风气、打造和谐稳定的学术生态，拓展学术期刊的研究领域，逐步将与国家发展息息相关的民生问题纳入研究日程，国家层面的顶层设计也一直在逐步加强学术期刊评价机制的构建和完善。2020年2月，相关机构制定并印发了《关于规范高校SCI论文评价指标的适用性规定》，特别强调要逐渐打破唯"SCI至上"的发展堡垒，构建更加科学合理的评价机制。很多学者纷纷响应国家号召加大了对国内外优秀评价机制的理论研究，立足区域实际和未来学术期刊发展走势，切实为提升我国学术论文在国际上的占比贡献自己的一分力量，强化学术期刊的学术本质，全力为创作更多高水平、高质量学术成果而不断探求体现中国特色的科学合理的学术评价标准。有学者就学术期刊评价方法与机制的完善进行了研究，指出当前国内针对学术期刊的评价主要问题在于认知不足，评价模式的单一性对评价结果也产生了不良影响，没有立足不同学科领域的研究差异进行评价方式调整。为保证评价结果的公平公正，建议应该拟订一套相对科学、内容丰富、形式多样的评价机制。也有学者指出，中国学术期刊评价体系的构建，需以中国特色的学术期刊理论为支撑，加强学术期刊基础理论方面的研究，在中国特色学术期刊理论指引下明确界定学术期刊的分类、功能，融合大数据、人工智能等现代科学技术科学、客观、公正地评价学术期刊质量，探究科学有效的学术期刊评价模型，综合考虑学术期刊的社会效益评价和经济效益评价，通过构建具有鲜明中国特色的公平、公正、透明的学术期刊评价体系，以推动学术期刊的全面繁荣发展。

从相关学术期刊评价机构的指标体系可以看出，国内外针对学术期刊的选择主要是影响力较高的或是引用频率较多的期刊列表为准。国内是以科技论文或是引文数据库为主，国外则是采用 WoS、Scopus、Google Scholar 数据库居多。当前国际通用的学术期刊评价指标有学术期刊单位时间内被引用的频率，JIF 及 H 指数等，这些科研数据的统计工具比较灵活，能够立足不同学术领域及数据类型选择适合的算法。学术评价的科学性主要体现在受众范围较广、覆盖领域较为全面、科研数据来源广泛、关联度检验等。评价结果主要是通过地方学术排名、一流学术论文占比及学术期刊在特定领域的贡献值及学术增值度等。值得强调的是，不同学者对学术期刊质量的界定存在差异，故任何一种评价机制都无法保证最终结果的公平公正，也不存在一种能够同时适用于多个学术领域的评价体系。随着数字化技术被逐渐引用至科研领域,学者们加大了对数据驱动的评价机制研究,相信适用于多个领域的评价体系未来将有望实现。

诚然,针对学术期刊的整体评价固然有其特点和复杂性,纯粹的定量评价、指标评价、赋权评价等尽管各有其优势,也具有较好的科学性,但也并不能全面立体地衡量学术期刊。俞立平等(2021)通过调查客观赋权法原理指导下的学术期刊评价结果发现:客观权重相差较大的学术期刊,其整体评价结果相差不一定较大。原理相近的客观赋权法得出的学术期刊权重和其评价结果高度相关,却无法统筹兼顾客观权重与主观管理的统一,因此在学术期刊实际评价中应考虑客观赋权法所得权重是否符合科研管理的需要。也有学者认为当前主要依赖于单一的传统引文指标评价学术期刊影响力不能满足当前学术期刊影响力的测度研究,因此应基于编委和引文指标来综合评价学术期刊的影响力。马峥等(2013)设计了基于知识系统信息熵的期刊评价指标体系,立足多个层面来对指标权重及类型进行剖析,结合专家的有关意见来评价学术期刊的影响力。总体来说,因为不同学术期刊评价的目标、标准、方法存在差异,在参照评价结果时需要了解评价标准背后的评价原理,从整体上合理把握,辩证参考使用,不可全盘机械照搬。

在学术期刊 350 多年的发展历史中,评价体系也随之诞生并不断发展完善。索引技术的诞生及应用为学术功能的充分发挥创造了无限可能,加快了学术期刊改革的进程。随着学术期刊的快速增长和学术信息的飞速发展,借助索引技术能够在极短的时间内制定针对论文质量、出版、评审、追诉期限等权衡标准,同时也能立足于学术期刊发展特色进行关联学术信息的收录。这些二次文献学术期刊在二次传播的过程中间接实施了学术期刊的评价筛选。随着经济全球化的快速发展及期刊规模的不断壮大,针对学术质量与规模、科研管理机制的研究开始备受学者们的追捧。1873 年,作为《科学引文索引》(Science Citation Index,SCI)的原创者尤金·加菲尔德(Eugene Garfield），在其发表的《谢泼德引文》（Shepard's Citations）中首次提供了创新灵感来源和原始模型。19 世纪末至 20 世纪初，学术期刊评价逐步引入"统计书目"和"引文概念"等文献计量分析手段。20 世纪 30 年代至 60 年代，布拉德福定律、加菲尔德定律、普赖斯指数和特鲁斯威尔定律等学术期刊评价基础理论诞生，立足于学术期刊的载文规律、回溯期限、引文标准等方面构建了基于学术期刊战略发展的理论框架。布拉德福定律通过对多个学术期刊载文量的数据分析验证了文献的集中性和分散性，切实为后期进行图书期刊的内容筛查奠定了理论根基。加菲尔德定律通过剖析学术期刊论文与文献之间的关联度，为一流学术论文的筛选提供了思路。普赖斯指数立足于学术贡献值的实效性层面来对引文数据进行量化处理。特鲁斯威尔定律结合用户的个性化研究需要及习惯，将学术的受众规模及被引用频率作为量化标准，以此来为后期进行学术评价和决策咨询提供数据参照。自1930 年开始，布拉德福在其论著中首次提到"核心区"（nucleus）并对其概念进行定义。1958 年尤金·加菲尔德创办了信息科学研究所（Information Science Institute），根据学术论文的被引用频率验证了文献集中及分散性的猜想，同时在 1961 年创新研发了专门针对科学、社会科学、艺术与人文方面的评价机制，并在之后的两年时间里先后发表了覆盖多个领域的《期刊引证报告》（Journal Citation Reports, JCR）。1969 年，特鲁斯威尔通过对文献功能及学术价值的分析肯定了 80/20 法则的合理性，为一流学术期刊的筛选及评价机制的构建提供了方向。至此，国内针对学术期刊评价机制的研究开始实现从传统单一化向指标化及体系化的方向过渡。直至现在，JCR 每年定期推出国际范围内所有学术期刊的相关评价，同时各学术期刊平台也陆续开展自己的学术期刊评价实践。Scopus 数据库基于 CiteScore 采用 4 年CiteScore 数值指标对全球 2 万多种期刊进行分学科评价，SCImago Journal Rank（SJR）、谷歌学术指标（Google Scholar Metrics）、自然指数（Nature Index）等与学术期刊发展息息相关的指标体系成为学术界探讨的热点。

纵观国内学术期刊评价的历史，针对学术期刊评价机制的研究整体来说可划分为两个阶段（李爱群，2013）。1981 年，在《世界图书》B 辑第 6 期中所刊登的"国外科技核心期刊专辑"，是当前国内在遴选外国学术期刊中的首次尝试。1989 年，科研机构开始加快构建能够体现国内科技引用频率的信息库（Chinese Science Citation Database，CSCD），不定期地对引文目录及来源进行实时更新，同时将引文的论题及摘要信息在指定的期限内上传至国际检索平台，切实为提升国内学术期刊在国际上的占比奠定了根基。自 1995 年 3 月开始，在短短三个月时间里，以北京大学和南京大学为主导的学术机构采用杜威十进分类及图书分类相结合的模式共同创作了《国外人文社会科学核心期刊总览》（1997 年版），此后每 3～4 年更新一次来源期刊目录，为我国业界了解国外人文社会科学期刊提供了重要的评价参考。同时，"核心期刊"研究视角也逐步由国外学术期刊遴选转向国内学术期刊遴选。1997 年，中国科研机构信息部在保持以往期刊数据的基础上，以年为单位，按照研究领域的不同对期刊学术目录及引证报告进行实时更新。同时，为迎合国际化发展的大趋势，我国自 2001 年开始加大了英文版创作力度并取得实质性成果，于 2003 年首次投入市场，此后经多次改版，遴选标准和评价流程也日臻完善科学。2009 年，清华大学科研部与知网结合引证报告的有关内容剖析了可能影响期刊发展的因素并整理成册。2012 年，以年为单位，根据国内学术期刊在国际的被引用频率研制了《国际引证年报》，同时自 2016 年开始加大了英文版创作力度。2003 年，根据学术生态因子的影响指数推出了 WAJCI 年报。2020 年，知网与其他科研机构共同就学术论文的市场影响力进行了指标分析。综合而言，知网平台对于各类学术期刊的评价兼具了多样性与针对性的特点。2009 年，武汉大学着重围绕信息服务与评价机制的构建进行了理论研究，并探索全面系统开展对国内中文学术期刊进行认证、评价和分级管理服务。这些文献情报单位创建的评估指标及数据验证实现了多角度、多领域的分析，切实弥补了我国现有评价机制存在的不足，在某种层面上指引、激励着学术期刊的快速发展。同时，南京大学科研部、社会科学院、国务院学位委员会和国教研究办、清华大学及国家自然科学基金委员会等先后发布的《中文社会科学引文索引》（CSSCI）、《中国人文社会科学核心期刊要览》《学位与研究生教育中文重要期刊目录》《中国学术期刊综合评价数据库》（CAJCED）、《中国管理科学重要学术期刊》等为学术期刊评价机制的构建和完善奠定了根基。

　　尽管学术期刊评价工作经过多年的发展已有了长足的进步，但人们对其结果的理解和运用还存在不少误区，这在一定程度上为学术期刊生态带来了不少危害。一是学术评价与管理部门将学术期刊评价结果与学术论文水平及其社会价值、论文作者的学术水平创新能力等简单等同。尽管学术期刊评价结果在一定程度上反映了绝大部分论文和论文作者的水平，但其评价结果并不能说明所刊载的所有学术论文的质量，更不能全面反映学者们的整体学术水平状况。在"以刊评文、以刊评人"的考核制度下，学术期刊的评价结果直接引导作者根据核心期刊等目录选择性投稿，继而造成期刊之间稿源、资金来源及传播效度等的极度不平衡，最终导致学术期刊生态系统多样化被严重破坏。二是当前期刊评价体系中的影响因子、总被引频次等指标对学术系统中一些受众面较小、刊文量不高但对整个学术系统来说却是非常必要的、极具行业特色、质量不错的学术期刊生存空间被极度挤压，个别学术期刊甚至已然失去了生存空间。为适应学术期刊环境的变化，部分期刊为提升期刊的评价指标和评定等级而逐步偏离了原有的办刊宗旨和服务目标。事实上，尽管当前的期刊评价体系越来越完善，科学性也越来越高，但当前的"学术期刊影响力"评价结果依旧无法全面反映学术期刊的办刊质量和效果，更不能直接用来评价学术研究成果的价值和论文作者的学术水平，期刊评价与学术评价之间有联系也有区别，在评价过程中宜根据评价目标合理分类、定向操作。

相关人员对学术期刊评价指标，如被引频次（CF）、影响因子（IF）、学术期刊影响力指数（CI）等存在理解误区，如混淆指标适用领域、思维模式、研究主题，回溯期限的设定、链接和文献的不统一等，也是目前学术期刊评价中存在的问题。学术界将被引频次（cited frequency）的概念界定为学术论文被引用的次数，但计量单位并非简单数字，还需要考虑学术期刊的动态变化及其所在系统的整体情况，需要综合分析回溯期限的设定和文献链接的统一。自变量文献统计的时间窗口、数据来源和统计口径等的所有变化都会直接导致因变量"被引频次"的变化。影响因子是当前国内外用于学术评价的重要参考指标，一般都是将近两年的数据进行对比参照，即特定领域的学术研究在近两年内被引用次数、关联文献的规模及在本年度内的学术引用频率同近两年内可被引用的总量的比值。影响因子同样受数据来源、统计口径、被引文献总量等因变量的影响，在数据统计中同样因存在较大人为操纵空间而不够科学的问题。

影响力指数作为反映学术期刊影响力的综合评价指标，深入剖析能够影响学术期刊发展的相关变量及在国际上的影响力，在某种程度上弥补了传统单一评价机制存在的不足和理论缺陷，为此在期刊界掀起了一股针对影响因子的研究热潮。结合当前学术期刊评价机制的落实成效看，科研工作者在对影响力指数的理解和应用层面存在认知偏差，具体评价行为表现如：对特定年份分属不同学术领域的论文进行比较，或是将同一期刊内年份不同的学术论文进行对比分析，进而得出最终的学术结论。实际上，在绝大多数学术期刊中，不同学术领域的影响指标评价及被引用频率均做了差值处理，这也意味着同一期刊内的 CI 值不仅仅与其关联因素及被引用频率有关，同时还与该期刊内两项指标的划分范围及界定指标有关。为此，CI 值的评估主要是针对特定期刊、特定领域、特定年份下的贡献值比较，一旦 CI 脱离了特定组织而进入了新的学术领域，其 CI 值都会因此而发生变化，其所能提供的评价科学性也会受到较大影响。与此同时，学术期刊影响力指数也不能简单比较或进行加减倍率计算，其根源在于特定时间段内，分属两个不同学术领域的 CI 值进行比较，无疑会导致评估结果有失公允和学术决策的失误，同理，同一学术领域内分属两个不同年份的 CI 值比较无疑也极为不合理，很难通过该数值来对学术期刊的国际影响力进行准确评估。为此，针对 CI 值的比较只能局限于同一学术领域、同一期刊、同一年份，并根据其学术贡献值的高低来确定。为解决当前学术期刊评价指标中的这些问题，2018 年，知网与清华大学在对 CI 值进行研究的同时共同制定并印发了《关于国际学术期刊影响力指数年报》，首次提到了关于借助 WAJCI 值来对学术期刊在国际上的影响力进行评估的方法，即国内该学术期刊的 CI 值和国际同一领域同一年份的学术期刊 CI 值平均值的比值。这种评估模式在某种层面上切实弥补了 CI 值存在的漏洞，评估结果也更加贴合学术实际。2020 年 12 月，知网公司先后又与其他机构展开合作，共同就影响力指标的评估问题和计算方式进行了实验论证，根据实验数据设立了 WJCI 指数，以更好地解决学术期刊评价指标中存在的一些问题。

随着数字技术的渗透，学术出版传播进入移动网络化，越来越多的科研工作者的学术创作思维模式也逐步发生转变，技术改革及创新研发的进程推进速度不断加快，科研工作者学术成果创造过程中和出版过程中的数字技术支持需求日益增长，为此学术期刊应逐步从原来的学术成果出版载体转变为学术成果出版交流与服务的服务平台。同时，学术期刊的评价应全面综合考虑办刊质量、学术服务能力和学术创新贡献等，学术期刊的评价结果也需在深刻认识作用、机制、指标、文献来源、覆盖领域、局限性等内容的前提下合理应用于学术期刊办刊成效、经济价值和社会价值评估，并在此基础上科学评价学术研究成果和科研人员学术水平等，逐步构建起科学立体的学术期刊评价体系和其他相关的学术能力评估。通过对国内一流学术期刊的发展现状及相关变量的分析，不难发现影响因子确实能够在某种程度上作用于学术论文的被引用频率及学术地位，但值得强调的是，影响因子的作用程度、引用频率的高低及可被引用的次数之间的关系也与数据统计源、传播途径、展示方式等有较大关联。因此影响因子的统计数据公布也应基于统计源等相关信息的基础上进行并根据具体情况合理分析其应用状况。与此同时，一些冷门学科中的高水平学术期刊在面对目前影响因子评价机制的现状中，应坚持办刊初心和宗旨，通过拓展优质稿源来提升期刊质量而不是通过牺牲可被引文献量来提升影响因子。学术期刊评价和管理部门更应该从全面系统科学的角度来应用期刊影响因子数据实施管理，以提升学术期刊评价结果对学术研究、期刊办刊的正向促进作用。

尽管学术期刊评价体系及各项指标的计算方法还存在着或多或少的一些问题，但是整体来看，学术期刊评价体系一直处于不断优化的升级过程，学术期刊外部生态因子对学术期刊的正向促进作用在不断增强。各类评价指标既在一定程度上反映了学术期刊的影响力，也代表着作者学术成果的科研质量状况。但学术成果的客观评价更需要在已有的学术期刊评价标准基础上增加更多的科学评价标准，如学术共同体的同行评议等。在重视学术期刊评价指标作用的同时，还需要根据标准与评价目标的契合度来合理调节评价结果的参考作用，尤其应关注一些冷门学科、小众期刊的独特性存在，保护学术期刊生态系统的多样性，避免"一刀切"的管理模式，以尽量避免学术期刊评价及管理在有效促进学术研究创新发展的过程中，尽量避免给学术研究带来负面影响。

学术期刊内部生态因子

学术期刊内部生态主要是指学术期刊共同体内，贯穿办刊全过程且直接影响学术期刊本体运行的各种内部因素及其相互关系，主要包括"写作→投稿→审稿→编校→印刷→出版"等学术生产过程。学术期刊内部生态系统是学术成果的制造基地，而其中扮演重要角色的是学术成果制造过程中的人，主要包括作者（作者群）、编辑（编委）、同行评议专家（内审、外审专家）、编辑校对者、出版印刷者、发行者以及链接上述关系的投审稿系统、学术期刊编校系统和出版发行系统。学术期刊的核心竞争力需要以学术成果制造主体为核心，以学术期刊生产组织、运营战略、传播平台等资源为基础，以构建学术期刊生态系统良性循环为引导，结合多方优势能力提升学术期刊水平，从而形成竞争优势。因此，学术期刊的内部生态系统直接关乎学术期刊的质量，而其中扮演重要角色的是学术期刊生产过程中的人。

■ 第一节 作者培育发现、作者署名与学术期刊

一、作者培育发现与维护

作者即通常所说的"作品创作人员"，他通过一系列智力活动直接创造生产科学、文学或者艺术作品。我国法律规定的著作权作者包

括自然人和法人及非法人单位，其中自然人作者即通过智力活动直接创造作品的公民。法人及非法人单位作者指通过作品传达法人和非法人单位创作意志，并承担作品的全部责任。另外《著作权法》还规定合作作者，即两人及以上合作产生作品，以及通过整理、批注他人作品而形成作品的作者，均合规享有著作权。作品通常承载着创作者的独立意识，是人脑和身体机能的协作成果，从某种意义上讲，只有思想独立的自然人才可以归类为作者，法人和非法人单位不具有人脑功能并不能称之为作者。我国《著作权法》第十一条第二款表述，合法创作作品的公民称之为作者。

与世界大多数国家一样，我国《著作权法》规定了实际作者的法律地位，也提出了名义作者的合法权益。首先，单单以实际作者的名义发表刊登文章，通常无法产生和达到创作的目的和预期，丧失发表意义，因此需要借助法人或非法人单位名义进行广泛传播；其次，除当事人即创作作品的作者本人外，其余人并不能完全理清一部作品的实际创作者。因此，我国著作权法规定，在创作作者的授予下，不具备人脑思维的法人或法人单位均可称为作者。例如国务院颁布的《计算机软件保护条例》中，作者的范围包括实际创作的公民和创作者的法人或非法人单位。我国《著作权法》还提出了推定作者身份的法则，即在相反证明不存在的情况下，作品的署名人或单位被推定为作者。当然署名作者可能不是实际作者，法人或非法人单位一定不是实际创作者，但是《著作权法》仍推定其为作者。根据相关法律可知，当作者身份存在相反证明时，实际作者仅需要在诉讼过程中提出证明说明作品由本人创作，并非署名人，其作者身份便可被确认。对于一般作品，根据《著作权法》的推定法则，法人或非法人单位的作者身份可以通过署名被推定，直接被认定为特定作品的作者。作者身份的两种赋予方式区别为：确权诉讼中存在相反证明可以被推翻的是推定作者，不能被否认的是实际作者。《计算机软件保护条例》规定，登记计算机软件的合法机构出具的登记证明可被认为是作者身份的初步证明，并由此推定登记证明中的法人或非法人单位以及公民具有作者身份。另外登记作为初步证明与署名作为初步证明，二者不互斥。软件或作品在未登记证明前，若存在署名情况，则公民、法人或非法人单位的作者身份可依法推定。倘若存在同一作品两人署名，或同一作品的登记人和署名人不同，需要在确权诉讼中上交独立创作证据证明自己的实际作者身份，否定他人的作家身份，从而被认定为作品的唯一作者。根据著作权法规定通过人脑和身体机能的配合产生科学、文学和技术创作的所有人均可被称为作者，不局限于文字文学作品，例如整理他人作品的改编者、翻译者、言语表演的演讲者、创作歌曲的作曲者、进行雕塑和绘画的活动者、进行电视演绎的影视导演和摄影者均可被称为作者。在本书中，学术期刊作者仅以我国《著作权法》给出的作者定义为界。

　　探究国外学界的主流思想路线可以发现，20世纪文论的核心问题是作者问题。针对作者问题，唐纳德·皮斯（Donald Pease）在1990年编写的《作者》（Author）中，最早系统性地阐述了作者一词。文章指出，作者一词先天具有创造性和权威性，作者是作品的全部主导者，作品的诞生与创作者即主体密不可分。从作者一词的概念发展谱系可以发现，由中古的auctor到希腊时代的autentim，以及发展至15世纪的genius，均自始至终强调着作品的天然属性和作家权威性。此外，英国学者贝奈特于2005年更为系统和专业地研究了作者概念。文章指出，作者概念并非天然形成，而是社会发展的产物。某些高度发达的资本主义国家加速了文学市场的蓬勃发展，印刷本的盛行挤占了宫廷文化，手抄本退出历史舞台，至此诞生了法律层面的作者身份。20世纪80年代之前，国内的作者问题研究侧重于作者的社会背景，甚至社会背景一度起到决定性意义。之后，随着欧美作家理论的深入研究，金元浦等（1991）在20世纪90年代逐渐发现读者中心论的重要性，积极引用西方成果和概念，倡导新文本主义理念，这在一定程度上推动了国内对于作者问题的研究。

随着计算机技术的飞速发展，出版传播进入移动网络化、全面数字化和全媒体融合发展阶段，学术期刊的出版理念和传播方式虽然发生巨变，但文章的质量和内容仍然是学术期刊核心竞争力和影响力的决定性因素，提升学术期刊学术质量永远是学术期刊人追求的目标。学术期刊的学术质量由刊载的论文质量来体现，而作者是学术期刊论文的主要贡献者，是学术期刊赖以生存和发展的根基和保障。挖掘发现培育优秀作者一直是学术期刊编辑部的工作重点，更是保证学术期刊发展的根本保障和提升期刊影响力和核心竞争力的关键环节。因而，学术期刊编辑部应高度重视作者工作，有意识地扩大、培育核心作者群，重视和善于从初次投稿作者中挖掘和发现新的优秀作者，利用数据库发现本学科领域的热点作者，通过组织或参与专题学术会议或学术研讨会发现新的优秀作者。

1. 核心作者及作者群的发现

从学术期刊动态发展的角度来说，如何发现和维护核心作者群是学术期刊发展壮大的关键。核心作者的概念定义及认定方法并没有统一说法。有学者认为，核心作者的概念可以从广义和狭义两个方面理解。核心作者对于单本学术期刊的广义概念，即指在本期刊中较常发表论文，技术水平、专业知识和写作能力均有一定的基础，与学术期刊编辑部联系密切的科研技术人员群体（张子婷等，2020）。核心作者的狭义概念主要从学科专业角度出发，类指在学术期刊所属学科领域有多年深入的研究，学术造诣较高，研究成果对学科发展有较大贡献和影响的作者，通常为该学科学术领域的大牛或专家型人才。核心作者的认定方式也各有不同，有的根据论文的高被引指数来确定，有的结合作者的发文量和论文被引频次来确定核心作者及其学术成就，也有的认为应结合期刊发文量、对期刊学术质量评价的贡献度和对期刊的支持忠诚度三个方面来认定核心作者群。对单本学术期刊而言，核心作者群常可分为以下两类：第一类为已有核心作者群，即在该刊上的发文数量较多、对该刊学术质量评价的贡献度较大和对该刊建设发展持续关注的自然来稿作者。第二类为潜在核心作者群，即暂未同期刊有过直接联络，但从事的研究领域同标的期刊高度关联，类指在学术期刊所属学科领域有多年深入的研究，学术造诣较高，研究成果对学科发展有过贡献和影响的作者，主持过或正在主持国家重大科研项目的学术大牛群体。发现这些核心作者的方法每个刊物虽然都有所不同，但基本都从以下几方面着手（代艳玲、朱拴成，2019）。

（1）主动挖掘积累已有核心作者群。期刊在发展壮大过程中，慢慢地积累了经常投稿给予期刊支持的作者群体，其中不少已成长为各个学科领域中的资深专家学者和技术领军人才。为了维护与已有核心作者群的良好关系，编辑一定要通过与作者有温度的人际交流加强联系，加深巩固他们对期刊学术质量和办刊能力的认可。同时，在工作中也应设身处地尽心尽力，为作者提供专业化、个性化、人性化的服务，对他们的稿件做到认真快速处理，以服务赢得他们持续的信赖，也可以借助约专题稿的契机，向他们多约稿，并及时报道其团队的成果，确保已有的核心作者群不丢失或少丢失。学术期刊的编辑部门还可以通过建立来稿信息的实时收集分类管理系统捕捉分类作者信息，随时完善和更新作者信息库，同时利用大数据管理模式，分类对作者群体进行全面深入的分析。

（2）从主动来稿中发现核心作者。吴红艳等（2016）指出在稿件处理过程中除了按常规编辑处理程序发现和培养有潜力的作者之外，还可以通过追踪重大课题和系列研究培养优秀作者群，通过引导的方式向作者提供研究思路和创作想法，挖掘行业的发展价值提高核心作者数量。除了对稿件进行深度挖掘外，还可以应用以下策略来培养优秀作者群，如依托学术期刊举办论文写作培训班，深入各学术团体或单位进行系列培训，一对一跟踪辅导及多形式接受咨询与答疑。此外，还可以通过与作者建立和谐关系，在退修信中与作者保持良性互动，关爱尊重作者以保持优秀作者群的稳定性。作者创作学术成果的动机各不相同，有以传播科学为己任乐在其中的，也有为提职晋级、顺利毕业等现实目的不得已而为之的。投稿后不同作者的状态也不尽相同，有的作者会积极与编辑部保持沟通及时了解审稿情况和录用结果，有的作者则几乎从不与编辑部有任何联络，听任编辑部处理。针对不同类型的作者，编辑部应建立相关的作者档案并设计可落实的规范、标准、系统的服务标准。针对不同类型作者的不同需求，在约稿、退修、退稿的交流过程中合理选择沟通方式，向作者传达自己衷心的信任、肯定与重视。同时，针对不同的作者需求，通过换位思考方式感受作者的理念和需求，从作者角度出发，尽可能压缩审稿时间和次数。对于作者提出的问题和需求，需及时回复耐心沟通。把握好编校过程中的沟通细节，减少校对次数保证稿件质量。审稿过程中，及时与作者联系提高校对质量，及时邮寄样刊、发放稿酬，加强服务水平，维护学术期刊整体形象。有的作者主动投稿一次之后，编辑会发现该作者或团队成员经常为期刊投稿，且发现论文发表后，下载和被引都比较高。这时编辑要主动与作者沟通，表达感谢，并关注该团队的科研成果，及时给予处理与发表，以服务赢信赖稳关系，将其发展为期刊的核心作者。同时，充分发挥多媒体宣传矩阵扩大核心作者群的影响力，加大与核心作者群互动力度的同时，跟进了解核心作者群的科研进展状况。与此同时，通过优稿优酬、优秀论文和优质审稿专家评选等活动和根据作者需要定向推送相关学术资源等吸引更多优质作者加入核心作者群。

（3）从同类高影响力期刊和高被引论文中寻找发现核心作者。作者的学术影响力是逐渐凸显的，学术水平也是水涨船高的。以"SCI""EI""知网""万方"等中外数据库为基础，用文献计量学方法，可以以5年为限，统计已发表论文高被引论文作者及团队，寻找高产出、高被引、高影响力作者，并发展其为期刊的核心作者群。与此同时，还应对核心作者群的基本情况做全方位科学分析以便及时有效跟进。有学者通过选取国内外最具影响力的学科领域学术期刊文献样本，采用普赖斯定律和综合指数法，分析该学术研究领域的核心作者及其特征并及时了解该领域核心作者及其研究成果的发展动态。同时，可借助 Cite Space Ⅱ 知识图谱可视化软件工具，绘制该研究领域的科学知识图谱，通过共词分析方法梳理出该学科领域研究中的热点子领域，为后续的持续热点追踪提供相应的数据支撑。还有的学者利用《中国学术期刊》（网络版），通过综合指数分析法对核心作者候选人进行遴选，例如通过发文联和论文被引频次等，找出核心作者与发文量或被引频次间的线性关系，从而分析核心作者所属单位、区域或机构的特点。

2. 潜在核心作者挖掘与培育

（1）以选题策划为手段挖掘潜在核心作者。潜在核心作者指从事的研究领域同所在学术期刊高度关联，正在主持国家级重大科研项目、学术水平较高，研究成果前沿，产出论文多，也经常在其他同类期刊发文，但在本期刊发文很少或暂未同期刊有过直接联络的作者。编辑要多创造机会，搭建与潜在核心作者群的沟通平台。编辑约稿有困难的，利用专题主编，通过专家平台加强专家与专家的对话和编辑一次或多次的服务，以得到更多优秀作者的认同，扩大核心作者队伍。有学者指出，优秀作者群的发现和培养需针对不同作者群采用不同的策略。针对国内优秀作者群，可依托期刊举办英文科技论文写作培训班，在稿件处理过程中与作者互动发现和培养优秀作者群，还可以利用移动平台等培养优秀作者群。针对国外作者，编辑可发挥国际编委主动性，通过期刊带头举办国际学术会议，聘请国外重要作者为期刊审稿人以及期刊编辑积极参加国际学术会议等方式培育优秀作者群。

（2）请已有核心作者帮助推荐优秀作者，逐步培养发展为核心作者。学术期刊是发现人才与培养人才的沃土。学术期刊编辑部要利用好各类期刊资源，如审稿专家、编委、现有核心作者群等，利用拜访他们的契机，询问或拜请推荐其团队中有潜力、成长快速或新取得成果的青年作者，了解掌握他们的科研动态，适时约稿，将其纳入或培养成为学术期刊的核心作者。

（3）挖掘、培育、吸引新作者，不断为核心作者群吸纳新成员。要不断提升学术期刊的创新能力，必须从创作源泉上不断补充新的动力。可事实上，因为学术期刊整体研究方向的相对稳定性，作者队伍的老化、固化及规模不断缩小的问题也在一定程度上导致了部分学术期刊成长的"高原反应"甚至萎缩趋势。为此，如何通过挖掘、培育和吸引优秀的新作者群来补充发展动力，以保证学术期刊的质量和影响力处于不断提升状态，也已成为学术期刊人探究的热点。有学者通过对5年内在6种海洋学术期刊的作者群体进行单位、学历、职称和合著情况的统计分析，以及科研队伍进行区域性特点分析研判发现，提高这6种海洋期刊在行业内的竞争力，需要期刊对青年学者的论文撰写和写作能力进行培养和提高，建立作者数据库，并结合数据分析挖掘培养有发展潜力的读者群，加强学术期刊编辑的服务意识和水平，缩短发表周期以更好地稳定作者队伍，减少或者规避作者在投稿过程的不正当因素，遵守和倡导学术规范和正当。

（4）组织学术活动，成立学术组织或机构，聚拢优秀青年作者群，为潜在核心作者挖掘与培育提供后备力量。在巩固维护原有核心作者群的同时，更要注意期刊持续发展后备力量的培养，努力挖掘不断更新优秀青年作者群，不断发展壮大作者群，积极拓宽稿源面。学术活动往往是编辑们发现新作者的绝佳机会，因为学术活动往往是国内外最新研究动态的集中展示机会，来参加活动的不仅有行业学术泰斗，更有从事该领域研究有着很强的创造力的年轻学者，他们在学术研讨会上学习、交流、做报告，这也为编辑们更多地了解他们的学术研究近况提供了机会。在这些学术会议上，编辑应主动与这些年轻学者取得联络，并就合适的会议主题进行学术邀约或共同举办学术研讨会，以加强双向的交流与了解。好稿源来源于高水平的科技人员，只有紧抓高端人才，特别是有发展潜力的中青年人才，更好地宣传青年人才的学术观点与科研成果，抓住行业优秀青年学者资源，虹吸优质稿件，跟进时代的脚步及时更新扩充专家评审队伍，真正意义上发挥学术期刊发现和培养技术人才的作用，才能赢得他们更大的支持。

（5）关注、吸收交叉学科的作者资源，扩大潜在核心作者群的研究面。随着研究不断深入发展，学科壁垒不断前移和被打破，在本专业中引入其他专业的交叉学科悄然成为如今时代科技发展的必然趋势，学术期刊也应根据学科边界的不断扩大和模糊化逐步调整栏目策划内容和征稿范围，以及时宣传报道交叉学科的科研学术成果。因此，期刊编辑还需及时跟踪学科领域的交叉现状，重点关注交叉学科的主要研究者及其研究动态，并顺藤摸瓜挖掘其背后的核心团队、相关学术研究人员以及时增加交叉学科的作者资源，丰富稿源面，扩大影响力。

（6）充分挖掘在线科研交流平台优势，发现、培养、巩固潜在核心作者。随着互联网的普及，各个领域都开发了一些在线科研交流平台。这些平台不仅拉近了科研人员之间的距离，为科研交流提供了便利，也为学术期刊扩大作者面提供了机会。利用网络资源例如科学网、科研在线或 Research Gate 等技术人员互动交流平台，编辑可进行统计分析了解各方向的前沿热点、活跃学者及其研究兴趣和师承关系等信息，发现潜在作者并通过在平台的有效沟通及时有效扩展作者群。开设特定群体专栏吸引核心作者群。为扩大编辑部在挖掘与吸引优质作者的途径与手段，根据特定群体发表论文的需求，可以借助高端学术会议，有机联系期刊的专栏策划，不但能活跃学术氛围，促进学术交流，更新科研的学术带头引领作用，也增加行业内科研人员的投稿积极性，提高期刊关注度。

3. 核心作者和作者群的维护策略

一定意义上看，发现一名或一群高质量论文撰写的科研技术人才不是难事，更为艰难的是维护和扩展核心作者和核心作者群体。不少学者都从作者群的角度出发，对作者群的构建与管理进行了深入的研究，提出了很多学术期刊编辑部维护核心作者群的方法，以下几点尤其重要。

（1）加作者好友微信，随时关注与了解其科研动态，参加他们举办的会议或论坛，在专题策划、专栏开设、成果报道方面进行充分合作。

（2）提升服务质量，缩短审稿周期，发表时长也是高水平作者最为看重和关注的，加快审稿速度，快速刊登，即使退稿也有理有据，依靠服务赢得作者支持。

（3）加大对核心作者群论文成果的广泛传播。移动互联网时代，利用多种信息发布平台，如编辑建立的微信群或期刊网站等，加大对优秀作者和成果的宣传力度，赢得作者信赖。

（4）与核心作者群建立沟通联络机制。编辑部只有与核心作者群建立有效的沟通平台，才能互通有无，互相信任，充分合作。编辑部可通过定期发布期刊信息，邀请核心作者参与选题策划等活动，让他们了解期刊出版工作的同时，也有利于他们之间的沟通交流。同时，编辑部根据编辑自身和核心作者的不同专业，将核心作者群分配给各个编辑，鼓励编辑平时主动与各青年专家积极联系，充分发挥他们在荐稿、审稿、宣传中的作用。协助作者进行优秀论文评审以提升作者的荣誉感和忠诚度，优化审稿和刊出流程以更好地服务作者，利用互联网的优势提高作者与期刊的凝聚力，进而吸引高质量稿源，同时优化审稿刊出流程以更好地服务作者，提升期刊作者群的质量和数量，从而增加竞争优势，提高核心竞争力。

（5）加强期刊和作者间的互相信任度，当他们在科研上取得研究突破，或有新的发现，就会第一时间将成果在期刊上分享。期刊只有真正地以情感为纽带，靠服务赢得作者信赖，从作者角度出发思考问题，增强彼此信任便会得到核心作者的信任和支持。

二、作者署名

作者署名是学术期刊发表学术科研成果中非常重要的环节，作者的署名代表了作者对所发表文章的权利约定，同时也以学术声誉对所发表成果内容的真实性、科学性负责。随着各个学科之间相互融合交叉趋势的不断发展，科学研究步入大科学时代。科研工作的细化、研究的复杂性和跨学科问题频现，使得合作研究逐步成为世界科学研究的主流。科研人员为应对复杂的研究任务通过合作研究获取跨学科资源支持并形成合作研究成果的情况越来越多。网络信息技术的发展又为作者解决了时空距离、语言沟通等障碍，跨学科、跨领域、跨国合作开展研究的情况越来越普遍。《科技报告编写规则》规定，署名作者"只限于那些对于选定研究课题和制订研究方案、直接参加全部或主要部分研究工作并做出主要贡献，以及参加撰写论文并能对内容负责的个人或单位，按其贡献大小排列名次"。国外对于"署名作者"的规定则主要按照 1985 年国际医学期刊编辑委员会论文署名作者规定的四个条件：（1）对论文（该项研究）的概念、设计及数据搜集、分析和解释有实质性贡献；（2）撰写论文或参与论文重要内容的修改；（3）论文发表前的最终决定；（4）同意负责所有工作，以确保相关问题的正确性和完整性都能够得到适当的调查和解决。不能同时满足以上四条标准的不能被当作作者，但这些学者应该列入"致谢"中。按法定规范的最低要求，署名资格为作品表达的独创性要求，署名权利为不可剥夺的人身权益。可近年来，科研合作的不当署名问题持续发生，学术成果署名危机的表现不一而足。除了作者身份标准缺乏统一性、作者贡献揭示程度低、未能涵盖所有的贡献角色、创作者赠送转让署名等问题之外，学术期刊投稿者通过虚构作者、提供虚假身份信息、伪造作者签名和联系方式、窃取他人科研成果并将其列为作者等方式操纵作者身份，对论文所涉研究有实质性贡献的人未行使署名权而没有实质性贡献的人却获得了署名资格，因不当行使署名权的行为和因署名而发生的侵权行为导致成果认定争端等恶性学术不端事件频发。学术成果作者排序与其对论文的实际贡献不符，滥用同等贡献作者，通信作者与末位作者贡献程度倒挂的情况也时有发生。所有这些都严重影响了研究者的贡献评价分配，扰乱了学术科研评价，降低了学术期刊的学术认定权威性。

随着学术研究成果产生阶段、制作阶段和传播阶段的不断变化，学术成果的作者也逐步过渡到学术成果研究的"贡献者"角色，署名危机、学术不端和马太效应给学术生态和学术期刊发展所带来的恶劣影响也日益严重。在这一现实背景的倒逼下，合作研究成果作者贡献声明逐步进入研究者们的视野。作者贡献声明具有权责标识功能，应真实记录知识生产过程中合著者的分工和贡献。

有学者指出，作者贡献声明对学术期刊有五个层面的影响（张闪闪，2016）。政策层面来看，作者贡献声明对学术期刊的影响力主要在于期刊的合法性和制约性。作者贡献声明是学术期刊严格执行国家规定，注重办刊规范合法性和长期发展，说明期刊有着较强的学术规范意识，注重自身约束和对所刊登的每篇论文的保护意识，注重维护学者的学术行为。内容层面上，作者贡献声明在一定程度上反映了学术期刊对刊发论文学术规范格式的要求及其对自身在领域影响力和学术地位的重视程度。学术期刊规范设置作者贡献声明，是期刊具备紧跟世界学术研究变化，通过不断约束规范期刊办刊行为保证期刊质量和良好学术声誉的重要体现。科研道德层面上，作者贡献声明规范要求有利于保证期刊学术知识制作与传播过程的严谨性和民主性，保护真正的学术成果创作者，减少因学术不端带来的知识产权纠纷，以主动的姿态应对复杂形势的挑战。科研环境层面，作者贡献声明是学术期刊积极回应用户诉求保护其合法权益，在知识生产传播链中积极主动发挥认证公示作用的行动表现，有利于学术期刊更好地营造用户环境、学术环境并在适应多媒体立体化出版过程中能及时调整出版方式而无后顾之忧。协调发展层面，学术期刊的作者贡献声明通过规范论文作者的发表行为尊重作者在学术科研成果创作中的贡献，为其提供合法权益保护，也因此能得到更多科研工作者的认可，在正向循环反馈中加强学术期刊的传播幅度，提升期刊的学术传播扩散效力与净化效力。在需求端的影响下，学术期刊根据学术研究的实际情况及时调整，设置规范的作者贡献声明，也在一定程度上证明了期刊对新事物、新现象的判断力、接受力和创新力。作者贡献声明对学术期刊五个层面的影响相互关联、相互渗透、互为前提，共同推动了期刊的长期、有序、稳定、健康发展，对学术期刊维护学术地位、营造良好生存环境、向国际化前进等方面起着至关重要的作用，对期刊的开放、多元发展也有深刻的参考价值。推动论文署名、确定作者贡献率，统一学术成果的事实匹配和价值匹配，推广和规范著录作者贡献声明，是促进科研诚信治理、净化学术风气、优化学术生态、规范学术管理的重要举措。学术期刊作为学术成果的重要载体和传播主体，在科学、合理评价论文合作作者的学术成就过程中必须承担其该有的责任，设立作者贡献声明制度，是学术期刊主动应对署名危机，从源头阻断不当署名乱象的重要途径。因此学术期刊必须尽快就期刊作者贡献声明做出科学的规范，明确作者贡献声明标注要求，建立分学科的作者贡献要素词表和基于作者贡献声明的科研评价体系，同时还应多渠道推广合作研究成果作者署名、作者贡献声明等的应用。作者贡献尽管只是论文中很小的一部分，但却是作者在论文中实际作用的最直接体现。规范的作者贡献声明有利于分清各作者承担的相应责任及其责任追究，促进各作者认真对待其承担的具体工作，自觉遵守学术道德规范，提高学术论文质量水平，也能帮助学术期刊工作人员有效识别合作学术成果中具有作者资格未署名、不具有作者资格而署名的不当行为，规范作者署名并为署名顺序提供有效参考依据和帮助，对署名排序与作者对论文的实际贡献是否相符进行定性判断。

　　近年来，围绕作者合作问题，不少学者也从不同视角做了大量的研究。有学者指出，尽管当前期刊作者署名整体呈现署名靠前的作者其贡献要素参与程度较高的规律，并且第一作者在提出研究思路、撰写论文、设计研究方案等核心贡献要素上表现突出，但合作研究者贡献声明的格式、要素等有待进一步规范和推广，学术期刊作者贡献声明的格式及内容构成要素，分析和比较不同署名次序的作者与不同类型贡献要素之间的关系尚需进一步深入研究。作者贡献声明以矩阵式的二维贡献描述代替了线性的一维贡献描述，实现了相对更为精准的贡献描述，但依旧无法完全反映各个参与者的真实贡献，署名问题并未得到彻底解决。也有学者表示，合著论文作者贡献声明的学术规范体系架构应突出作者贡献声明的重要作用，应包括作者贡献声明政策及其内容、作者贡献声明要素提取及其受控词表的建立、作者贡献声明的元数据框架以及作者贡献声明的应用等。作者贡献声明写作也应进一步规范化，以符合科研行为规范化的需求。

为解决署名危机，促进作者贡献规范体系的建立与应用，学者们也进行了深入的探讨和研究。总体来看，可从以下几个方面着手：

参照国内外标准，尽快制定并逐步完善作者贡献声明（Author Contribution Statement，ACS）政策，如采用 CRediT 贡献分类法规范表达 ACS，制定署名指南，明确署名规则。各学术期刊可参照国际医学期刊编辑委员会（International Committee of Medical Journal Editors，ICMJE）推荐规范和出版伦理委员会（Committee on Publishing Ethics，COPE）为作者提供基本范本，在署名规范参照标准、署名作者、非署名作者、团体署名的资格条件、署名更改相关规定、作者贡献声明规定、通信作者职责、利益冲突相关规定等方面参照高影响力国际期刊署名规范执行标准做出相关规定，并鼓励作者提交 ACS。同时，学术期刊自身也可根据实际情况分层实施 ACS 政策。美国国家信息标准协会（NISO）制定的贡献者角色分类标准（CRediT）作为国际上较为成熟的作者贡献重要规范，完全可以为各学科学术成果作者知识贡献提供较好的参考依据。各学科可根据具体情况适当加以改进，探究贡献要素权重与作者贡献大小的关系，加强作者贡献要素标准化研究，明确作者贡献声明标注规范，建立分学科的作者贡献要素词表，完善学术期刊作者贡献声明规范，建立基于作者贡献声明的科研评价体系。

■ 第二节　同行评议与学术期刊

一、同行评议概念与形式

同行评议（peer review），从广义上说，是指某一或若干领域的一些专家共同对涉及同一研究领域的一项知识产品进行评价的活动。国内讨论较多的是狭义的同行评议，即作者投稿以后，由刊物主编或编辑邀请具有专业知识或造诣的学者，评议论文的学术和文字质量，提出意见和判定，学术期刊按评议的结果决定是否适合在本刊发表的行为。传统的同行评议，通常强调两个基本点：一是匿名；二是独立思考判断。同行评议的具体操作形式，可以根据作者与评议人之间的了解程度，大致分为三种：一种是单隐（single-blind review 或 single masked review）；二是双隐（double-blind review 或 double masked review）；三是公开评议（open review）。单隐即单向隐匿，指作者不知道谁在审自己的稿子，可评议人知道作者姓甚名谁。目前，国际上的学术期刊，多数采用的是单隐形式的同行评议。因为它既具有一定的保密性，手续又不过于复杂，编辑部运作过程中出错率较低。双隐即双向隐匿，指作者和评议人双方均不了解对方是谁，故也可形象地称为"盲"评（这里的"盲"不是看不见，而是看不着）。双向隐匿最大的优点是双方互不知晓，评议人只能就事论事，不容易掺杂个人成见。与传统的单隐和双隐同行评议相比，公开评议是让作者与评议人彼此相互知晓，作者和评议人都在明处。这一模式为作者和读者提供了公开交流的机会，有利于学术思想的碰撞与交流。

二、同行评议的作用与意义

合理公正的同行评议在学术成果认定与发表过程中有着至关重要的作用，同行评议专家在这个过程中扮演着重要角色。从学术质量角度来看，同行评议对期刊的声誉和投稿体验都起着重要的作用。对学术期刊而言，同行评议过程可以充分发挥审稿专家的作用，从而避免和减少因信息数据不全或不精确而产生的片面性和局限性，特别适用于一些难以量化成果的评议。只有学术造诣高、责任心强、工作效率高的同行评议专家才能保证学术期刊的同行评议质量，从而保证期刊的学术水平。从出版效率来看，同行评议的时间往往决定了文章的出版周期，而出版时滞较短的刊物更容易获得较高的影响因子。但是，根据 Publons 发布的《2018 全球同行评议现状报告》，2013～2017 年期刊编辑发出的送审邀请数量逐年上升，而审稿人的审稿完成率却逐年降低。这一现象表明，随着投稿量及出版量的上升，审稿人的邀请接受率却在不断下滑，这给期刊编辑寻找合适的审稿人带来了很大的挑战，进而导致期刊同行评议效率受到影响（张建中、夏亚梅，2020）。目前，我国学术期刊主要使用单盲评审和双盲评审等传统同行评议模式，然而在该模式下，即使专家接受了审稿邀请，仍存在拖延审稿、审稿意见没有参考性或缺乏公正、审稿专家强制引用自己文章、让学生帮忙审稿及剽窃作者观点等问题，这严重影响了学术期刊的同行评议质量。

随着知识生产方式的变化，以"跨学科"和"应用价值"为特征的知识生产模式，对同行评议的评议主体、评议标准和价值取向提出了不少挑战。在同行评议的主体方面，真正意义上的同行在跨学科同行评议中难以寻觅，在同行评议的标准方面，已经成熟的学科有其相应的学科范式，以某一学科的范式去评价其他跨学科研究常因缺乏科学性而导致结果偏颇；在评议价值的取向方面，知识的应用性价值缺失导致同行评议对研究的"社会价值"评价缺乏具体标准与依据，科学研究与社会现状可能出现脱节现象。鉴于此，亟须建构多元价值取向的同行评议体系。

三、同行评议不端行为表现

同行评议是一种主观评价，审稿方式、审稿制度、个人素质、审稿人身体状况和审稿心理均是影响专家审稿质量的因素。在评价过程中会受评议者经济利益、竞争关系、信念理念差异、知识范围局限及其他偶然因素的影响，容易带有个人偏见。学术期刊在选取同行评议专家时，根据其来源可分为：①由学术期刊编委团队成员或客座编委选择审稿人；②由学术期刊编辑选择审稿人。在同行评议过程中，编委专家或编辑可能会受人情关系、学术影响等方面的影响，而使同行评议偏离客观公正。学术期刊同行评议不端行为主要表现在以下几方面（彭芳等，2018）。

（1）通常来说，期刊的主编及编委团队都是领域内有较高成就的专家。很多时候，他们是文章是否录用的决定者，也在同行评议中扮演着重要的角色。他们对学科方向有很好的把握，能够较为准确地理解文章所表达的含义，在邀请审稿人时可以较为准确地邀请到相关方向的专家。但是，当遇到分类较细学科、聚焦领域较小及以某特定地域为研究对象的文章时，容易出现作者、编委、审稿人来自同一圈子或者同一地域。当被评议的论文与审稿专家的学术理念相似时，审稿专家往往会倾向于给出正面评价，反之则容易给出负面评价。部分投审稿系统会根据文章中提取的关键词推荐给有过相近关键词研究的审稿人。期刊主编或编委并未仔细审查投审稿系统所推荐的审稿人，而进行直接邀请，可能会邀请到学术水平不足或者偏离该文章研究方向的专家进行审稿。部分编委为期刊邀请的专题文章往往聚焦于某一小领域甚至某个问题，此时审稿人资源更为"稀少"，更加容易出现作者、组稿人、审稿人集中在一个圈子或地域的状况。2020 年 4 月，斯普林格出版集团旗下期刊《多媒体工具和应用》（Multimedia Tools and Applications）撤稿 30 余篇，多是专题中的文章，多篇论文的撤稿理由都提到了"颠覆同行评议发表系统"。

（2）学术期刊的专职编辑在同行评议过程中起着桥梁和管理的作用。很多期刊都是由编辑直接邀请审稿人，把论文送至合适的审稿专家，并将其意见反馈给作者。部分学术期刊甚至是由专职编辑进行同行评议。在单盲和双盲审稿中，学术期刊编辑对审稿人或作者信息的保密起着至关重要的作用。当编辑与作者及关联方涉及直接的利益关系，或同学、师生、朋友或亲属等社会关系时，可能会在审稿中邀请由作者推荐或私下推荐的审稿人；在审稿人专家库中选择一些审稿不严的专家或与之关系较好的专家，提前沟通要求其放松审稿标准等；抑或直接告知作者审稿人的信息，方便作者与审稿人打招呼，使其在后续的文章修改中大加吹捧或承诺着重引用其先前发表的成果。当编辑对文章有一定的偏见或与其中的作者存在矛盾时，有可能会出现邀请某些喜欢给负面意见的审稿人或持与文章相反观点的学者进行审稿的情况。

（3）同行评议专家对论文的评价和匡正失误起着积极作用，同时也在维护学术出版生态圈的正向发展。然而，部分审稿人审稿时，可能会有意无意出现"审稿不端"行为。一方面，当遇到精准小同行且两者的研究方向极其接近时，审稿人可能出现故意为难作者或拖延审稿的情况。审稿人通过延长审稿时间或要求不必要的复审来推迟稿件出版，为自己团队的相似研究争取时间，甚至出现窃取所评审文章的数据完成自己研究内容的情况，以便抢占首发权。另一方面，审稿人受到所评审稿件的启发，想借鉴甚至抄袭作者的研究思路，为了使自己的文章更优先发表，拖延甚至刁难所评审的文章；还有部分审稿人并未对其评审的文章履行保密义务，在公开的学术报告中引用其所评审而尚未发表的文章。此外，一些审稿人在论文评审过程中经常会建议作者参考某些论文，而这些论文往往来自同一个作者或团队。有时达 3 ~ 5 篇，但存在建议参考的文章与其评审的论文不甚相关的情况。为了避免审稿人的刁难，即使作者知道这些参考文献对文章的修改并无帮助，多数情况下也会选择忍气吞声，在修改文章时将其列入参考文献，甚至大为吹捧。

（4）若审稿人与论文的作者或论文的推荐者建立了社会关系，可能会对同行评议结果的公正性产生影响。同行评议中所存在的社会关系冲突往往有两种表现形式：积极正面的影响和消极对立的影响。如作者和审稿人、编委/客座编委或编辑有较为亲密，或长期稳固的社会关系，如存在亲属、师生、同事、朋友等正向的亲密关系或密切的合作时，审稿人容易对审查的文章给出正向性的评价；若存在矛盾或竞争关系等时，审稿人则容易提出负面的意见。某些学术期刊还曾出现过作者方伪造或非法侵入审稿人邮箱，进而伪造评审意见的情况。2015 年，一位博士后非法侵入审稿人的邮箱，编辑论文并提交审稿意见，使其论文被顺利接收。2015 年某集团一次性撤下来自中国的 41 篇有"同行评审造假"之嫌的医学论文。其调查认为，存在一个第三方机构为大量论文提供潜在同行评审人的造假。另外，若审稿人与文章中所涉及的宗教信仰、知识结构、年龄性别、民族文化和地域等不同时，审稿人可能会对所要评议的论文产生不客观的评价。这种影响在同行评议过程中广泛存在，且更加隐秘。

四、同行评议不端行为防范与治理

防止同行评议不端行为是学术期刊重要的责任和义务。审稿人受主观性和其他因素的影响，某些审稿不端行为较为隐秘。期刊应做到积极发现问题，并及时补救，同时也应制定相应的预防机制，增强编辑责任意识。

（1）完善投审稿系统。加强编辑部管理员账号的保护强度，增加密码的强度，不定时更改系统密码。及时修复投审稿系统所发现的系统漏洞，避免"技术流"的作者或其关联方窃取管理员账号，进而邀请利益相关的学者进行审稿。同时，如果可以通过投审稿系统反馈出作者与审稿人之前是否存在合作关系，则能在很大程度上避免一些利益相关的情况。在投审稿系统中，首先对审稿人的姓名与作者姓名和邮箱分别进行比对，再进行审稿人的邮箱与作者的姓名和邮箱重复比对步骤。这里之所以要求对邮箱和姓名都分别进行比对，一是为了避免由姓名重复带来的误判，二是作者或审稿人更换单位之后邮箱可能会发生变化。当作者与审稿人的邮箱在同一篇文章中检索到时，则判定其为有过合作，存在着利益相关性；当一方的姓名与另一方的邮箱或两方的姓名出现在同一篇论文中时，为排除重名的可能性，则需要再次检索或人为判断。这种情况判定为可能有利益相关；当这些情况都未同时出现在一篇论文中时，则表示未发现利益相关。由于作者可以重复注册多个不同类型的邮箱，因此，可以建议作者在投稿时尽量使用学校或机构邮箱，以确保其真实性和唯一性。

（2）明确同行评议专家评审要求。编辑部在选取审稿人时，由于其定位的不同，对审稿人的要求也不尽相同。对期刊来说，希望审稿人的水平越高且越认真越好，至少在近几年内发表过与期刊定位水平相当的文章，不仅研究方向与所需审稿的文章方向相关，而且对该领域有一定的积累和研究，同时，要有良好的审稿记录。审稿人能够在学校或研究机构中有自己的主页，表明审稿人是真实存在的，期刊应在审稿系统中及时更新审稿人邮箱信息，以避免伪造审稿人信息的情况。对于英文期刊来说，同时还应考虑审稿人的国际化分布问题，避免只由该地域的专家对其文章进行评审。期刊在邀请审稿时应告知审稿人，如果存在利益冲突则应放弃此次审稿。此外，在邀请审稿时应明确审稿返回时间，在需要2份审稿意见时，可以多邀请1~2位审稿人进行审稿；在收到足够审稿意见后，可邮件联系其余审稿人确定能否在约定时间返回评审意见，若不能按时返回，则应说明情况并取消此次审稿，这既可以避免审稿人故意拖延时间，也能加快审稿效率。当有审稿人在2~3轮的审稿后依然给出拒稿意见时，编辑部可以邀请编委或主编团队进行评估，以避免出现恶意给出负面意见的情况。对于由期刊编委邀请审稿人的情况，编辑部应提前与编委沟通，阐述期刊对审稿人的要求。若出现邀请了不符合要求的审稿人情况，应积极与编委沟通，补充符合要求的审稿人，从而激发编委的主观能动性，提升参与感及责任感。期刊编辑在同行评议过程中起着举足轻重的作用，需要不断建立和完善科学合理的评议制度，做到相互检查和不定期检查等，遇到不符合要求的审稿人应积极采取补救措施。同时，应加强编辑的职业道德和保密教育，树立积极向上的职业观、道德观和价值观。部分投稿系统中会对异常的投审稿行为做出提示，编辑部应做到积极发现与及时处理。

（3）建立学术期刊审稿申诉制度。对学术期刊而言，应认真对待没有通过同行评议的文章，向作者如实反馈未通过评议的原因，这样既有利于期刊声誉的提升，又有利于作者后续研究质量的提高。当作者对同行评议过程持有异议时，也应积极处理和反馈，避免存在不公正的审稿现象。在某些领域，研究可能存在不同的学派或者争议，通过采取审稿人回避等措施，尽量减少文章在同行评议中受到不客观的评价。同时，也尽量避免不合格审稿报告的提交，如"本文不适合发表"这类只有寥寥数语的审稿意见。

（4）丰富审稿专家库。很多学术期刊都有自建的专家库或在投审稿系统中内嵌审稿人推荐系统，通过关键词可选择相关方向的专家。为了避免领域专家之间的相互审稿，在某些小领域内，可以不定期地增加库外审稿专家，同时还可以与新的审稿专家建立联系。对已有的专家审稿情况做详细的记录，如专家主页、审稿方向、偏好及评审过的文章，以避免相互审稿和专题之间作者的轮流审稿。考虑到文章作者的地区、语言、民族、文化背景、宗教信仰和年龄等因素，选取审稿人时应考虑审稿人的多样性，从而减少这些因素所带来的不公平审稿。

（5）评议方式可以采用公开评审及双盲评审相结合。随着开放科学的日益普及，开放评审也逐渐成为发展趋势。现已有部分期刊，如 PLoS 系列和 Nature 系列期刊等，开始尝试在文章发表时通过匿名审稿人信息的方式公开评审意见，让读者看到评审人的建议及作者的修改过程，也能提高同行评议的透明度和公正性。如果审稿人愿意，也可以采取公开审稿人信息的模式。由于同行评议是一项志愿性的活动，将审稿人的名字与论文同时发表，在一定程度上认可了审稿人的贡献。然而，完全公开审稿人的信息可能会让审稿人感到一定的压力，可能会考虑作者方的影响力，也可能花费过多的时间以完成一份较为完整的评议报告，增加评议的工作量。同时，随着公开评审的推进，面对一些研究领域较窄或区域性问题时，可能会出现一种隐秘的"圈子"，在"圈子"内的学者相互审稿、相互支持。因此，部分期刊也在采用双盲模式进行评审，即审稿人和作者互不知晓。

（6）实施惩罚措施。对学术期刊而言，更重要的是防范同行评议过程的不端行为，实施惩罚措施并非最终目的。期刊通过惩罚措施可以让不端者付出一定的代价，认识错误并能改正，更重要的是对审稿人及期刊编委等起到警示和教育作用。对在审稿过程中恶意抄袭作者文章，抑或恶意拖延审稿，以及在审稿意见中提到过多引用要求的审稿人，期刊在投审稿系统中应该予以标注，限制其审稿，抑或向 Publons 等第三方平台进行通报，对于同一平台的期刊可以在其平台内进行限制。对编委干扰同行评议的行为，期刊应及时予以劝诫，情节较为严重者应该取消其编委身份。

（7）探索激励机制，重视宣传互动。尽管多数审稿人将为学术期刊进行同行评议工作视为自己的荣誉，甘愿义务奉献，但恰当且及时的激励与酬谢仍是激发审稿人工作热情、提高审稿意愿、保证审稿质量的有效手段。由于目前各大高校、科研院所财务系统管理严格，发放酬金时要求提供身份证、银行卡等较多的私人信息，使得不少审稿人因嫌麻烦，直接放弃接受劳务费报酬。因此，编辑部应集思广益，设身处地从审稿人角度考虑，探索顺应形势的、受欢迎的审稿人激励政策。优秀的审稿人大多具有较高的学识和社会地位，物质上的奖励对他们来说并无太大吸引力，他们往往更看重关于荣誉、尊重、认可、关注、发展等精神层面的满足。鉴于此，建议编辑部邀请出色的青年审稿人参加期刊的编委见面会，帮他们搭建与高层次人才的沟通交流平台，提升人脉，为他们争取进入期刊编委会的机会，促进其成长和发展。定期举办优秀审稿人评选也是简单可行的办法，为获奖者发放荣誉证书并在期刊网站和公众号中进行报道，使专家们的劳动成果和个人价值得到充分的体现，让默默奉献的幕后英雄们也有机会得到来自作者和读者的致敬。还可以为多年支持期刊工作的资深专家提供投稿方面的优惠政策，如免初审、减免版面费、免费语言润色、优先出版等，增强其归属感和成就感。

由于同行评议过程中不端行为的多样性和隐秘性，要想杜绝同行评议造假等学术不端行为，需要编辑、审稿人和作者共同努力，恪守明确的学术伦理标准和规范，尤其是在传播过程中起着枢纽作用的编辑，在学术发展中起着"学术警察"的监督作用。对于同行评议造假，除了给予严厉惩罚外，我们更应该冷静思考，总结经验，做到防微杜渐，避免类似问题重复发生。现行的同行评议也并非尽善尽美，但对学术期刊而言，公平、公正及高质量的同行评议仍是学术期刊质量所系。同时，高质量的同行评议对作者的后续研究也大有帮助。对期刊而言，在了解自己定位和要求的情况下，应根据实际情况制定出适合期刊发展的同行评议标准，从而采取相应的措施，保证同行评议的科学性及客观性，避免不端行为的出现，也应对该类情况进行一定的惩戒。同时，利益相关者（编辑、作者、审稿人及编委等）应了解同行评审的局限性，并努力改善评议的流程和制度。

五、同行评议发展趋势

同行评议体系自建立以来，其公平性、一致性和有效性一直饱受质疑。同行评议过程的缓慢、昂贵、大量占用学术时间、高度主观性、易受偏见影响、可能被滥用和难以发现研究缺陷或学术不端等问题，长期困扰着中外学术共同体，但在没有合适替代物的情况下，同行评议仍被视为目前学术评价体系中一个最好的选择。

随着预印本平台、开放获取等新模式和人工智能、区块链等新技术的发展，学术论文发表周期越来越短，论文发表数量日趋增多，期刊论文的同行评议迎来了新的机遇和挑战。一方面，信息技术的发展、商业模式的转变和开放科学的大规模兴起，同行评议面临的压力与日俱增，其固有模式的弊端也越来越凸显，促使出版商不断寻求学术期刊出版模式的变革。当前开放同行评议的悄然兴起和开放获取的迅猛发展都是学术期刊同行评议正在悄然发生的巨大变化。另一方面，科研工作者人数激增，竞争愈发激烈，让学术共同体对同行评议的期待更具有多样性，新技术的发展全面改变了学术期刊的办刊逻辑，利用新技术对投稿进行初步筛选，构建科学合理的审稿专家社群，为待审稿件快速匹配合适的同行评议人加快审稿和出版进程，通过大数据和网络信息抓取设置同行评议专家准入门槛，真实记录同行评议专家的评议数据等，都是新阶段学术期刊同行评议工作中正在发生的变化。

学术期刊论文同行评议模式在新技术的助力下，正向着更快捷、更客观和更透明的方式改进。相对于传统的发表前单盲或双盲的高度选择性的同行评议形式，近年来，国内外期刊学术论文同行评议出现了许多创新态势和模式（索传军、于淼，2021）。

（1）审稿与发表顺序的变化，如预印本和发表后同行评议。不同于审稿→修改→发表的传统模式，预印本和发表后同行评议论文不经同行评议即可发表，使学术发表与同行评议脱钩，具有快速发表的优势，但因缺乏"守门人"的把关而导致学术质量在一定程度上无法得到保证。这两种论文发表模式对传统期刊漫长审稿周期和审稿人的"不当"把关提出了挑战，尤其在应对新冠肺炎这种突发事件的科学研究中发挥了重要作用，具有广阔的发展前景。

（2）审稿标准的变化，如非选择性同行评议和注册报告审议。由于缺乏统一的审稿标准，同行评议的公平性、一致性和有效性备受质疑。在高水平期刊中，传统的同行评议系统担负着守门人的责任，但由于评价过于主观，审稿人在鉴定科学论文的质量方面并非总能做出正确的判断。在传统的同行评议模式中，审稿人需要对稿件的"新颖性、重要性、相关性、合理性"进行评价，具有高度的选择性，在纸本期刊时代这对节约成本具有重要意义，而技术的发展使为节约成本而严格控制论文数量变得不那么必要，于是非选择性同行评议应运而生。非选择性同行评议通常伴随着可观的商业利益，在降低审稿维度的同时，这类期刊的吸引力也呈现出下降趋势。更有掠夺性期刊滥用非选择性同行评议，使学术出版成了有利可图的"生意"。注册报告将同行评议对论文的筛选和改进功能前置，审稿人通过帮助作者改善研究设计来提高论文的质量，从"设计－实验－发表论文"变为"设计－发表注册报告第一阶段－实验－发表注册报告第二阶段"。非选择性同行评议和注册报告评审模式均有利于纠正发表偏倚，提高可重复性，对我国学术期刊具有重要的启示。

（3）各种同行评议的创新实践都有其关注的特定问题，同时也引发一系列新的问题。针对传统同行评议中的黑箱问题，开放同行评议及协作同行评议被不断引入和探索。开放同行评议是公开审稿人身份或审稿人意见的一种同行评议形式。开放同行评议能增强审稿人的责任心，提高审稿的质量，通过公众监督降低审稿人利用身份优势剽窃、恶意拖延或打压所审稿件的可能性，从而增加学术交流中的公平性、可靠性、有效性和透明性。协作同行评议是指学术期刊通过引入审稿过程中的交流环节来改进录用决策。在这一环节中，审稿人和编辑可以通过审稿系统留言，交流他们的审稿意见，以最终形成一个统一的意见。协作同行评议能节省作者修改论文和答复审稿意见的时间，不会出现互相抵触的修改要求，通常对作者非常有帮助。首先，通过编辑和审稿人（一些期刊把作者也纳入讨论之中）的思想碰撞，有利于更接近问题的真相。所谓真理越辩越明，针对性的交流和互通信息有利于扩大参与者的视野和扫除思维盲区，形成更高质量的论文。协作同行评议需建设一流的编辑团队，在技术上和经费上都具有较高的门槛，很多期刊恐怕难以企及。其次，协作同行评议增加了审稿人的负担，将原有的独立审稿拓展为独立审稿加上交流协作两个阶段，在观点发生分歧时需要说服其他人或改变自己原有的观点，这对原本就缺乏动力的审稿人而言无疑是更大的负担。再次，协作同行评议也增加了编辑的工作量和控制审稿进度的压力。最后，协作机制可能导致屈从权威，埋没资历较浅学者的声音。开放同行评议提升了同行评议的透明度。然而，这种评审方式在增强对审稿过程的监督和有助于确认审稿人贡献的同时，也增加了审稿人对"打击报复"的担心，并有滋生学术腐败的可能。在开放同行评议的基础上，协作同行评议进一步克服了审稿人之间的意见不一致的问题，但也有成本太高、可能屈从权威等问题。

开放科学和科技创新是国内外学术共同体未来发展的趋势所在。同行评议制度是目前期刊论文质量把关的核心制度。面对不断发展的科学知识创新和学术共同体对加速学术发现的需求挑战，新的同行评议创新模式不断涌现。立足于我国国情，借鉴国外期刊论文同行评议实践中的预印本和发表后同行评议模式，可以加速我国学术同行的交流进程，推动我国学术共同体的健康发展。但在现行条件下，走向开放的同行评议模式需要谨慎地借鉴。

第三节　编辑素养与学术期刊

编辑是保证学术期刊正常持续出版的专业人才，也是知识生产的重要参与者。在学术期刊生态系统中，学术期刊编辑是非常核心的生态因子之一。学术期刊的专业性决定编辑人才的特殊性，其政治素养、业务素质和创新能力直接关系到学术期刊的出版导向、出版质量和价值取向。围绕共同构建学术生态圈的核心要求，新时期学术期刊编辑除了必须具有过硬的专业素养，还需具备严谨的治学态度、慧眼识珠的才能、良好的沟通交流能力以及敏锐把握相关学科学术前沿知识和研究动态的能力。只有通过全方位自我培养这些综合素质，才有望激发学术期刊编辑构建良好学术生态圈的潜能，从而充分发挥其在守护学术净土、挖掘学术资源、架起学术桥梁和构建学术共同体等方面的作用。任何产业的建设和发展，都离不开人才，学术期刊要发展，最关键的就是编辑人才。当前，我国的学术期刊编辑队伍建设面临许多问题和挑战，重视并解决这些问题，有助于建设世界一流学术期刊。学术期刊出版单位要助力学术期刊高质量、可持续发展，就必须对学术期刊的编辑队伍建设予以高度重视。

一、编辑的政治思想素养与学术期刊

学术期刊传播的内容广博、思想开放、话题前沿、作者多元。学术期刊办刊必须坚守正确的意识形态立场和政治导向，既是社会发展的时代要求和国民教育的应然使命，更是学术期刊办刊的内在诉求。要牢牢把控学术期刊的政治导向，学术期刊编辑就必须做好"政治把关员"和"学术守门人"，强化政治把关意识，提升自身政治素

养，高度认识政治责任，主动承担起传播优秀思想文化和知识观点的重任。当下，学术"市场化"、学术"官僚化"、虚假科研、学术霸权、学术泡沫、低水平重复等学术腐败已成为社会关注的热点。这些都时时考验着学术期刊编辑的政治素养和职业道德。为此，学术期刊编辑要紧跟形势学理论，与时俱进强素质，不断提高自觉性和自律性，始终站在时代前沿思考谋划编辑工作。

当今的学术期刊编辑大多具有学历高、专业基础扎实、思维活跃、应变能力强等优势，但对于一名编辑应该具备的政治素养却明显缺乏。这既有主观上的不重视，也有客观上的影响。多数学术期刊编辑能够认识到提高政治素养对于推动工作和完善自我的重要意义。但是，有的编辑认为，提高政治素养是党员的事，是领导干部的事，是机关公务人员的事，对于一般的学术期刊编辑，离得太远，够不到、摸不着。有的编辑认为，自己编辑的学术期刊不是时政类刊物，政治理论与科学技术研究关联不大，不会涉及政治问题。还有的编辑认为，政治理论枯燥乏味，不愿坐下来学；整天忙于业务工作，没时间坐下来学。久而久之，把政治理论学习当作形式和负担，不注重联系实际学，不注意盯着问题学，只求"走过路过"，不求实际效果。虽然部分学术期刊编辑部或党支部也组织过统一学习政治理论的活动，也倡导编辑人员要舍得花精力，全面系统学，及时跟进学，深入思考学，联系实际学，要培养读书看报、撰写体会文章的好习惯。但沿用过去的老办法、老模式、老经验多，创新的方法少；定性多，定量少；弹性要求多，硬性要求少。为此，部分学术期刊编辑随着心情学，心血来潮看一眼、心情不爽不理睬，根本没把政治理论学习当作一项工作或要求来抓。一些学术期刊编辑没有把政治理论学习与工作实际相结合，存在学用脱节的现象。还有一些学术期刊编辑对政治理论的学习范围和重点把握不准。甚至有的学术期刊编辑把政治理论学习当作负担，对于与出版工作相关的政治理论思考不深、研究不多。

要改变这种政治思想觉悟欠缺的被动局面，学术期刊编辑需要从根本上加深对编辑职业性质的认识。从小处着手，立足平时积累。要推动期刊发展，学术期刊编辑除了要多看与本业务相关的图书、报纸、杂志外，还要通过电视、广播、网络和人际关系等多种渠道了解时政要闻，要根据自己期刊的办刊宗旨，盯着科学的前沿和时代最敏感的问题，紧跟时政形势进行选题策划，积极组稿，主动约稿，设置专栏或专刊，集中发表这方面的文章，更容易引起有关专家和政策决策者的关注，有助于扩大期刊的传播力与影响力。要精选学习内容，把学政治理论、学科技、学编辑实务等结合起来，融会贯通，全面提高；要利用好各种线上和线下培训机会，通过阅读相关文献，搜索网上信息，请教老师和专家等方式深挖和拓展政治理论与实践工作融合的方法，不断提升思想境界、丰富知识含量；要把提高政治素养与正确编辑文章摘要和英文翻译、慎重对待来稿内容的修改、正确著录参考文献等实际编辑工作联系起来，深钻细研，反复核对，确保准确无误；要将自己的学习心得与作者分享，提出新见解，补充完善文章内容，帮助作者提高学术水平；要把对政治理论的理解感悟与如何打造期刊特色、扩大期刊发行范围、提高期刊质量结合起来，进而提升学术期刊的综合影响力。

对于学术期刊编辑部而言，要设置具体学习目标，严格按照政治理论学习计划安排实际工作，把学习计划细化到每个课题，把任务标准细化到每个环节，把阅读书籍细化到每个篇目，把调研重点细化到每个时段，做到人人有目标、个个有标准、时时有任务。要进行考核评估，根据政治理论学习的目标、内容、要求，对考评的内容、标准和方法等进行量化，尤其结合组织生活会和年终总结等时机，采取考学、考知、考勤、考言、考责等方式，对政治理论学习情况进行综合考评，达到以考促学、以评促学的目的。要实施奖惩激励，做到政治理论学习成效与个人评先选优、立功受奖、职称评定等切身利益挂钩，当奖则奖，当罚则罚，不变通、不手软，不开"空头支票"，切实让学习好的尝到甜头，学习差的吃到苦头，确保政治理论学习的深入性、持久性和经常性。

学术期刊编辑要时刻谨记：科学研究无禁忌，但出版发行有纪律。保持学术期刊编辑的政治敏锐性编校是学术期刊编辑最本职的也是最基本的工作。它除了需要编辑具备相关研究领域的专业知识和编辑素养外，对一些政治问题更要有高度统一的政治敏锐性。一方面，对于常见的政治性差错要能准确识别。作为学术期刊编辑，要熟知《出版管理条例》《中华人民共和国著作权法》《新闻出版保密规定》，以及中央台办等出台的《关于正确使用涉台宣传用语的意见》等各项法律法规。注意相关用语规范，避免政治性差错，对论文的相关要素都要进行严格把关。另一方面，学术期刊编辑要注重培养战略、历史、辩证、法治、底线等科学思维能力，不断增强编辑工作的科学性和预见性。

学术期刊出版工作是科学文化事业的重要组成部分，属于上层建筑范畴，具有较强的政治思想特征。学术期刊编辑作为保证学术期刊质量的第一责任人，更需要建立积极向上的职业信仰，始终与党中央的声音保持一致，以应对市场经济下的各种冲击和诱惑。为此，学术期刊编辑要坚持用最新的政治理论武装头脑，紧跟形势学业务，联系实际工作思考政治理论的内涵，凝神聚力抓学习、紧盯问题抓整改、联系实际抓提高，不断提高政治素养，确保政治理论真正入脑入心。

二、编辑文化人格修炼与学术期刊

文化具有丰富的内涵和宽泛的外延。文化自信既是中国特色社会主义理论体系的重大创新，也是提升我国文化软实力和建设社会主义文化强国的内在支撑和行动指南。学术期刊作为体现国家文化软实力的重要标志和载体，在实现中国特色学术期刊强国目标上亟须坚定和增强文化自信。学术期刊编辑作为科学文化传播的引领者、倡导者和参与者，其坚定的文化自信对推进学术期刊的发展有着重要的现实意义，其人格状况对期刊的文化价值传承有着非常重要的影响，学术期刊编辑的人格修炼程度更是其文化自觉的重要表现（蒋学东，2013）。

学术期刊编辑作为文化传播者，肩负着满足人民群众对文化和精神层次等各方面需求的重大使命，其特殊的文化人特质应该是编辑的本质属性。编辑职业的特殊社会性质决定了他的劳动过程就是一种将个体性精神生产转化为社会共同精神财富的文化传播过程，其自身的文化人格状态会自然地体现在这一劳动过程中，并对这一劳动过程的结果产生较大的影响，所以文化自觉引领下的期刊编辑文化人格修炼不仅仅是一种思想观点的提升，更是一种批判、扬弃、超越和创新的实践过程，一种文化价值选择和建构实践过程中的有效文化活动和正确价值取向。

学术期刊编辑的文化人格是一个编辑文化境界和文化品位的综合反映。只有当编辑的健康人格修炼外化为对文化历史的深刻反思和对先进文化品质的不懈追求，广大受众才有机会逐步认清传统文化的精髓，国家与民族的文化自觉与自信才会有坚实的根基。在我国文化体制改革的关键时期和攻坚阶段，期刊编辑这一特殊职业的社会角色对他们修炼健康人格以达到高度的文化自觉有着更为特殊的要求。编辑更应深刻认识到我国文化建设的基本状况和文化安全的重要性，准确理解、认真把握中华文化的历史价值和时代内涵，在当前的多元文化背景下，具有清醒的文化自觉意识，努力寻求传统与现代、本土与异域的交融，在文化传承、交流、创新和发展中发挥自身应有的巨大影响力，准确把握中国特色社会主义先进文化建设发展的内在规律，积极推动社会主义文化大发展、大繁荣。

"在全球化的多元化文化背景下，文化之间的碰撞与交流已是一个不争的事实"（乐黛云，2006）。面对多元文化所带来的海量信息，期刊编辑在对本民族传统文化的深刻理解和正确把握的同时，也应以客观平和的心态面对多元文化，理性地面对西方先进文化，以当代中国人和社会发展所必须解决的问题为标准，积极主动寻求中西方文化的结合与融合，积极与异域文化沟通交流，并在不同的文化交流与思维碰撞中了解、借鉴，创造性地批判和吸收，做好异域文化的审查者和推荐者，从而争取在知己知彼中不断超越，真正实现文化的创新与自强。同时期刊编辑只有通过在实践中不断修炼自身的文化人格，才能更有效地引领广大读者自觉参与全球化，在多元文化的良性互动中逐步达到全球意识的文化自觉，并最终达到不同民族文化的大融合。

学术期刊编辑的职责使命是为更好地传播与传承文化产品，而编辑自身的文化人格状况则直接决定着其劳动成果对文化生产者和文化接收者的指引和制约作用。事实上，文化无论是以"社会遗传"的跨年代历史形式抑或"文化扩散"的同时代传播方式出现，编辑都是这一传播途径中的重要节点。各类文化成果只有经过编辑的选择、评价、推荐、优化后正式出版，才得以传递到广大民众。所以说编辑个体的文化人格状况对社会精神文化产品的评价方向和整体质量有着决定性的作用。

古今中外历史上文化繁荣时期文化传播的状况无可辩驳地证明了其与学术期刊编辑们的文化自觉性、先觉性的高度关联态势。所以说，学术期刊编辑所肩负的先进文化选择、传承、批判、吸收、传播的历史使命，决定了编辑的人格修炼程度对整个民族乃至整个世界文化自觉的影响。要达到文化自觉的民族与社会的整体目标，期刊编辑就必须努力提升自身的职业境界，加强自身的文化责任感与使命感，以锐利深远的眼光选择、评价文化产品，并在传播过程中督导新颖的文化创新思想，为民族文化指引正确的发展方向，做民族文化的先觉者和引领者。

学术期刊编辑作为文化传播链中的重要一环，广博学习、深度思考也是其职业诉求中极为重要的一项。广大受众对编辑角色的期待决定了编辑必须站立的文化高度，而这一文化高度的状况，又与编辑的学识广博状况和思考的深度息息相关。游走于作者和读者之间，编辑与作者、读者及自身的对话状况常常会因编辑自身的智识、心性和文化底蕴而出现不同的结果。面对层次各不相同的作者与读者，编辑若想拥有通畅的对话渠道，唯有不断钻研业务，努力提升自身素养，争取成为文化领域的专家，才能不断提升自己的对话层次，编辑自身的主体力量才可能得以彰显，编辑肩负的文化创新与改革大任才可能得以顺利实现。

文化自觉的实现是一个艰巨的过程，学术期刊编辑作为文化传承的主要参与者和创造者，必须具备较高的文化素养和人格修养，编辑自身的文化积淀状况决定了其对自己文化的认识程度和对接触到的多种文化的理解状况。只有在期刊编辑的文化人格修炼达到了较高的水平，其文化价值和文化建构的理性评判标准和高级价值取向才能在中华文化的弘扬和异域文化的批判吸收过程中真正发生作用，民族文化自觉的引领目标才有可能得以真正实现。

三、编辑的受众本位意识与学术期刊

学术期刊作为传播学术创新知识的主要载体，其传播力是对学术期刊影响力评价的重要指标之一。学术期刊的传播核心是学术信息的传播。要扩大传播的信息量，拓宽传播渠道是提升传播效果的必然途径。因为人类的各种行为都受相应的意识支配，作为信息接收者的"受众"始终是信息传播中必须重点思考的主要内容。认真分析信息传播受众的需求、信息接收习惯、信息处理习惯等，并将其反馈到信息制作、传播途径设计等方面，信息才有机会得到成功传播。作为优秀文化加工和传承者的编辑，其行为也必然存在独特的意识指导，这一意识，我们称为编辑意识，它来源于编辑主体的职能定位和职业道德。不管是传统出版模式、数字出版模式还是新媒体出版模式，期刊编辑因其职业定位，首先，必须对作者的来稿在尊重作者意图的基础

上进行选择加工，从而成为作品的第二作者。其次，期刊编辑在对来稿或文本进行加工选择时必须考虑到读者的基本状况，使作品或文本的召唤结构能够最大程度地满足读者的审美经验和期待（即"潜藏在文本或作品中的一个多层面的未定的图式结构"）（蒋学东，2014），这样才有可能让文本或作品真正作用于受众，编辑的选择加工职能才能凸显成效。所以，期刊编辑应以受众是否接受为出发点，形成明确的受众本位意识，重点关注受众的接受心理，致力于引导受众的文本生成和意义建构，积极活跃于作者和受众之间，才能确保作品或文本的社会文化价值真正得到充分体现。

以受众阅读文本的接受心理过程为视角，具体研究影响受众接受过程规律的接受美学认为：在解读作品或文本的过程中，受众接受心理在其中占据核心地位。文本社会文化价值的生成主要来源于受众对文本的具体理解和领悟，而未定性的文本本身不过是承载可能意义的载体。对于具体的一个文本而言，它可能存在多种意义，其真正的社会文化价值存在于不同的受众对其永无止境的解读和应用之中。处于桥梁纽带环节的学术期刊编辑，应充分发挥其导播和导读的双重文化功能，坚持受众本位理念，在充分了解数字出版时代受众阅读特点的前提下，选择优秀作品，服务于作品的社会文化价值传承。

数字出版背景下，海量信息共享，各种资源互动频繁。对具体文本的评价应和受众或受众群的具体环境联系起来。只有在同具有明确阅读动机的主体发生关系时，文本的社会文化价值才有可能存在。所以，学术期刊编辑为提升学术期刊质量，保证学术期刊价值，就必然将学术期刊与其服务的具体受众或受众群联系起来。一方面，期刊编辑作为学术期刊文本的第一受众，应大面积了解数字出版背景下受众群的阅读动机和新型阅读特点，做好海量信息的鉴别者和受众个性化阅读的服务者，真正代表受众把好审稿关，从受众或受众群的整体阅读期待视野出发，选择稿件，控制好审美距离。同时也应充分尊重受众的主体性与创新性，及时更新观念，调整战略，有效巧妙地引导受众，合理加工和整合各类内容资源，为数字出版环境下的学术期刊可持续发展把握好方向，确定合理的、科学的、具有前瞻性的选稿原则，为学术期刊的引领性、前沿性奠定坚实的基础。另一方面，编辑作为文本的隐含创作者和第一受众，在稿件修改、期刊整体编刊过程中，也应充分考虑到作者的目的动机，并将其与受众的阅读动机紧密结合起来，为学术期刊文本的社会文化价值的实现做好铺垫工作。

四、编辑新媒体素养与学术期刊

　　随着数字技术的突破性发展，对学术期刊出版过程中的内容、编辑、运作、传播、消费、阅读与学习等环节也形成了重大的影响，不断推动着学术期刊的数字化转型。在世界范围内，数字化出版正成为主要的发展趋势，这也意味着我国必然要走上学术期刊数字化、网络化的发展道路。目前，国内学术期刊在数字化网络化发展的过程中，主要表现出下述几个特点。一是出版产业的核心转为对内容与数据的深加工与挖掘，显著提升了产业内容的深度与广度；二是出版主体产生巨大的改变，在学术期刊数字化网络化的过程中，科研人员的参与度逐年提升；三是出版模式向集群化发展，将建立起与大学科深度融合的学术期刊集群，学术期刊出版将更具专业性、关联性、深度型等特性；四是各种出版模式日趋融合，未来将建立起统一的网络期刊数据的标准接口，促进各出版商、网站间的互联互通，推动学术期刊内容的交叉互享；五是积极发展的个性化、交互式的学术期刊服务。未来网络化的学术期刊服务不会仅局限于论文出版与检索等传统服务中，它将进一步提升其服务的深度与广度（蒋学东，2013）。

　　数字化技术因其具有检索快捷性、内容丰富性、传播及时性、多媒体交融性、交流互动性等巨大优势，使得学术期刊传统的出版方式和传播方式都发生了革命性的变化。学术期刊编辑面对数字化技术所带来的挑战与机遇，要认清发展形势、转变出版观念、增强新媒体意识，积极探索并适应学术期刊的转型发展和融合发展路径。在学术期刊的转型发展与融合发展道路上，编辑面临的首要问题是新媒体素养的提升与新媒体技术的学习和掌握。新媒体出版的主要特征为人机配合与协作，这就对学术期刊编辑提出更高的要求。如目前大多学术期刊已经开通微博、微信公众号，但由于编辑技术的匮乏，大多微信公众号仅向读者提供简单的订阅功能，停留在追求关注度和点击量的层面，功能简单，内容空泛，形式单一，缺少对其深层的挖掘和利用。因此，学术期刊编辑不能仅满足于传统的单一身份和传统纸媒的出版方式，而是要充分发挥编辑的主体意识，增强全媒体出版流程的意识和理念，掌握最新的数据库技术、检索技术、数据分析技术、采编技术、资源整合技术、内容深加工技术等，注重优先出版、定点推送等。同时，学术期刊数字化显现出很强的超媒体特性，并且还发展出强大的双向交互功能。超媒体性让学术期刊出版不再局限于传统的文本与图片形式，其还让更加多元的媒体信息得到充分的展示，如音频、视频与拓展连接等，让读者能够更好地了解研究者的研究过程与经验结果，这也为平台更好地整合其内容资源提供了更多的可能性。如：某篇学术文本为了更好地展现其研究成果，制作了音视频与网页等形式的内容，通过超链接的形式整合于数字化期刊文本中，并采取非线性组织排列的模式置于海量文本信息中，使其得到了更多的点击阅读。随着期刊出版的数字化发展水平的不断提升，编辑能够对信息交互引导进行更加快捷、方便的调整。而双向互动性则让学术期刊出版更具个性化与多元化特点，更能方便读者做出个性化选择，相应地也给学术期刊编辑的新媒体素养提出了更高要求。

总之，为因应学术期刊的数字化转型，学术期刊编辑们应当顺应时代发展潮流，全方位强化新媒体意识，从选题策划、编辑加工和传播推广等方面提升新媒体技术的应用能力，为我国的学术期刊出版事业的高质量发展做出自己应有的贡献。

五、编辑的沟通能力与学术期刊

沟通是人与人之间、人与群体之间思想与情感的传递和反馈的过程，以求达成思想的一致和情感的通畅。它是指在一定的场景中，由信息源发出信息，再由接收者对信息进行加工反馈给信息源的过程。于学术期刊编辑而言，良好的沟通能力是提升编辑效率和提高期刊质量的重要因素。学术期刊编辑的沟通能力主要体现在两方面：编辑与作者的沟通；编辑与审稿专家的沟通。

编辑与作者的关系类似于球员与守门员，由于各自身份不同，之间会存在一些矛盾。作者的能力重在对某一学科领域的研究深度，一旦稿件被拒，辛苦的工作没有得到承认，经常会抱怨编辑不懂专业，没有发现其稿件的真正价值；编辑的能力侧重在广度上，尤其是综合性学术期刊的编辑，面对的是众多学科的稿件，确实不可能精准地把握每一学科的前沿和热点问题，编辑会借助于专家意见及敏锐的眼光，在大量的可用信息中慧眼识珠，捕捉到最有用、最有价值的信息。另外，作者个人的语言表达能力、行业习惯与学术论文规范表达之间存在差异。有些作者对规范表达不够重视，认为只要内容有创新，表现形式不重要，论文写作往往只会按照自己的习惯来表达。

编辑与作者沟通交流时通常有两种极端的心态：一种是妄自菲薄，总认为自己不懂专业，不敢修改作者的文章，作者如何表达都照单全收，新入行的学术期刊编辑经常会具有这种心态；另一种表现为高高在上，凡事以编辑部依据国家和行业标准制定的规定为理由，生搬硬套，不能有效说服作者（李青，2015）。针对两种不同心态，编辑与作者沟通时宜将文章的学术内容与表现形式分离看待，学术内容主要交由作者和审稿专家负责，编辑着重于学术论文的表现形式，以此为出发点，建立与作者的有效沟通，从而进一步提升论文的水平和层次。编辑每天接触和阅读大量的学术论文，熟悉学术论文写作的方方面面，如果抛开文章的学术内容，仅就论文的表现形式而言，不论哪一学科的文章都具有的共性问题，学术期刊编辑可以发挥引导作用，与作者展开良好的、有效的互动。

学术论文是作者在其艰苦的科研过程中取得的成果，是作者的原创作品。在修改文章时，编辑应具有明晰的"边界意识"，不改动作者的学术观点，不质疑论文的学术价值，仅就论文的规范表达与作者进行交流和沟通。作者在学术领域获得了应有的尊重，能大大降低其抵触甚至有些轻视编辑的心态，那么就能够减少和化解编辑与作者之间的矛盾，从而进行良好的沟通与合作。

编辑与作者的沟通内容主要有论文的基本架构、每一部分应该写出的重点、论文题目、中英文摘要的写法、量和单位的规范、图表的自明性以及参考文献格式等。如果作者的文章在结构设置上存在问题，那么看起来就不像一篇学术论文；如果在写作重点上存在问题，表明文章缺乏研究深度，创新性不足。比如，引言中概述国内外研究现状，重点是需要指出该领域存在的问题，以此引出主题；在基础理论和仿真实验得出结论后，重点应在结果分析上，以此明晰和深化研究成果。涵盖研究目的、方法、结果和结论的摘要，能让文章在浩瀚的信息海洋里脱颖而出，增强文章的显示度，提升传播效果。量和单位的正确使用，能使文章概念清晰，不至于前后混乱，方便受众阅读。图表的自明性，甚至可以跨越语言的障碍，不用看文字就能明白其表达的含义。参考文献的作用不仅代表作者掌握了多少资料，还可以体现出作者及作者团队研究的连续性、研究起点及层次。编辑从这些角度与作者进行交流和沟通，以服务作者为目的，进一步提升其论文的层次和传播性，宗旨和目标与作者相同，就能顺利跨越分歧和彼此的矛盾，达成编辑与作者共同渴望的终极目标。

编辑的沟通贯穿于整个学术期刊编辑工作全流程，其中，编辑与审稿专家的沟通对保证审稿质量起着重要的作用。审稿人都是某些学术领域的专家，编辑对沟通对象的研究领域及最近的研究课题和研究成果有所了解，就能有效地与对方进行深入交流。首先，了解送审稿件的基本信息，包括稿件的主要研究内容，送审时间以及送审的邮箱。其次，了解专家的基本情况，包括专家职称、职务、性别、主要研究方向、近期是否获得重要奖项等。专家评审是评判论文学术性、创新性等的主要依据，同时也是决定稿件发表周期的重要环节。编辑承担着审稿工作的组织和协调工作，做好与审稿专家的沟通工作，与审稿专家建立良好的关系，对于缩短稿件的审稿周期、提高期刊的学术水平具有重要意义。良好的沟通能力是编辑获得审稿专家认可的铺路石，不管编辑以何种方式与专家进行沟通，在交流过程中应思路清晰、大方得体、注意细节，想办法赢得审稿专家的信任，不使对方产生反感，给对方留下好印象。

沟通过程中，编辑要学会变通，遇到不同的情况需要不同的处理方法。遇到正在开会的专家，首先，编辑需要对打扰专家表达歉意；然后，告知过段时间再联系专家。对于未收到审稿邮件的专家，首先应询问专家送审邮箱是否正确，如果邮箱正确，要告知审稿邮件发送的具体时间，这样专家可以有针对性地去搜索审稿邮件，为审稿专家节省时间。如果邮箱不正确，首先，编辑应将审稿系统中的邮箱进行修改并撤销原来的送审；然后，重新发送审稿邮件，审稿邮件发出后需要及时与审稿专家进行确认，告知已重新发送邮件并询问是否收到。对于太忙以至于还未来得及审理稿件的专家，首先，编辑要理解并体谅审稿专家，多数审稿专家的科研、教学任务繁重，同时还担任行政职务，工作很忙；然后，询问其是否可以抽空审理稿件，如果可以，编辑需要表达对专家的谢意，如果不可以，编辑可以询问是否可以推荐审稿人，这样既不耽误审稿，同时又为编辑部提供了更广泛的审稿专家资源。对于稿件的复审，编辑应起到审稿人和作者之间的桥梁和纽带的作用。首先，编辑需要将专家意见进行整合，反馈给作者。对于评审意见，编辑需要认真对待，本着诚实公正的态度进行处理。对于较偏激的意见，要注意将言辞尖锐的评审意见转换为委婉的语气以便作者能更好地接受。对于比较模糊的意见，编辑需要将其进一步具体化、细化，使作者能很清楚地理解专家的想法。其次，除审稿专家提出的修改意见外，编辑还需要从整体上把握论文的逻辑形式，保证图、表及文字内容精准、表达形式优化，且需要满足出版标准化、规范化要求。作者修改返回后，编辑需要将修改好的文章以及修改说明再转发给专家。当然，这个过程中，编辑并非只是简单地进行转述，而是需要核查作者对审稿意见的答复和处理情况，这既是对审稿人劳动成果的尊敬，亦是对作者的负责。如果作者修改不到位，编辑需要将稿件再次退修。如果作者已经按照审稿意见进行了认真修改，编辑除了将修改稿及修改说明转给审稿专家外，还应将作者诚挚的感谢和认真修改文稿的态度转达给审稿专家，使他们意识到自己的工作很有价值，进而更加认真、积极地对待审稿工作。

对于学术期刊，编辑的言谈举止、工作态度、专业素养对期刊的形象至关重要。良好的沟通能力不仅可以提高工作效率，亦可以提高专家对编辑的认可度、信任度，从而有利于提高审稿质量，缩短审稿周期；因此，科技期刊编辑在加强专业知识培养的同时，还应该加强沟通能力的培养。编辑应通过实践，不断提升沟通能力，为期刊发展创造良好的环境。

六、编辑的选题策划能力与学术期刊

学术期刊存续的时间一般是由论文质量所决定的，而选题策划对学术期刊具有重要的影响，原因是其能够有效吸引高质量学术论文投刊，进而在行业内树立权威性，不断增强学术期刊的影响力。选题策划是出版学术期刊的第一步，具有源头性，选题优劣直接影响到后续所有环节。近年来，信息技术取得了迅猛发展，数据共享、交互以及开放不断向纵深发展，大数据在社会经济发展、科技创新等方面的作用日益凸显，已成为当前极为重要的新经济资产（蒋学东等，

2020）。大数据相关技术的发展促进了科研领域的创新变化，传统科学所沿袭的假设驱动模式正在发生深刻改变，逐渐转变为基于大数据探索的数据密集型模式。大数据和人工智能的重要性已然被全球各国所认同，相继将其作为国家发展的基础性战略资源，以抢占科技创新和发展的制高点。与此同时，我国政府颁布实施了一系列政策文件以促进大数据和人工智能的创新发展，比如《新一代人工智能发展规划》《促进大数据发展行动纲要》等。而学术期刊作为传播学术研究成果的主要媒介，更应当充分利用大数据和人工智能技术实现对资源的高效配置，加强对选题策划的预测、诊断和决策，使选题策划更加合理、科学和精准，助力我国科技的创新与发展。

选题策划本质上是学术期刊编辑按照出版方针、主客观条件等对选题进行设计、开发科技出版资源的一项创造性活动。在大数据时代，不断变化的需求侧对学术期刊提出了多样性的要求，比如在线化、多元化、数字化等，这也倒逼处于供给侧的学术期刊做出针对性的调整和改变。从当前学术期刊选题策划的现状来看，传统的经验主义选题仍旧占据着主要地位，选题智能自动化和数据化程度较低，大数据和人工智能应用程度亟待提升。以往在进行选题策划时，采用的方式主要包括征求专家学者意见、听取编委、一线研究人员意见、举办学术座谈等多种方式。但传统方式效率低、资源获取不足、重复工作内容多，不利于提升选题策划的时效性、精准度、前沿性等，导致投入与产出不匹配，影响到了学术期刊的传播，不利于品牌形象的建设。

在全媒体时代背景下，数据之间的关联性有了显著增强、数据变化加快、数据载体类型增多，学术期刊编辑无法依靠传统的选题策略方法来高质量完成选题任务，原因在于个人经验和知识在数据时代表现出较强的局限性。大数据和人工智能技术的应用为选题策划在三个层面提供了优化目标。第一层面是实现数据的优化，也就是做好数据的收集和甄别，去除伪数据，为选题策划提供更加广泛的真实数据。

第二层面是指实现算力层面的优化，基于第一层收集到的各类数据进行深度分析，筛选出适合选题策划所需要的数据资源。当前，大数据和人工智能在诸多领域都取得了深入应用，数据规模随之变得极为庞大，但数据之间关联度和可信度较低且不确定性较高，为了改善这一问题，研究者提供了许多策略，比如模糊集、三支决策理论、粗糙集等，为选题策划提供了数据分析理论和技术。第三层面是实现算法层面的优化，也就是使数据分析结果得到更好的可视化呈现。该层面应当紧紧贴合选题策划进行模型构建，加强对前沿探测、研究成果可视化呈现、专家知识地图绘制及新兴领域识别遴选等方面的研究力度，深度挖掘大数据价值，加强人机协作能力，开发智能自动化，从而使选题策划实现智能、自动以及精准的目标。大数据和人工智能在数据、算力和算法层面赋能学术期刊选题策划优化的关键环节，能使已有研究成果大数据资源和受众情况得到泛化收集和精确分析，并在此基础上通过及时发现交叉学科、精准探测研究前沿，预测学术期刊发展方向，绘制研究成果地图，优化专家知识地图构建，最终推动选题策划的高质量发展。

因此，学术期刊编辑在进行选题策划时，必须借助新媒体技术准确把握学术研究前沿，认真思考领域核心问题，征求作者、审稿专家关于选题策划方面的建议，对选题策划进行优化。同时，在进行选题策划以及约稿时，需要充分利用大数据和人工智能技术实现对前沿研究领域作者和审稿专家信息的有效挖掘，从而构建出专家知识地图，使选题策划将更加高效。

学术期刊生态系统失衡与治理

　　学术期刊生态系统作为学术生态系统的子系统，其系统运行状态与学术生态息息相关。良好的学术生态环境能够为学术主体提供更加和谐、舒适的学术氛围，其稳定性直接关乎着学术事业能否实现长久可持续发展，反之则极易激发学术主体间的对立和矛盾。学术生态圈的构建体现在学术主体、学术活动及环境之间相互作用的全过程，是由多个学术主体共同参与、以稳定的经济基础作为前提、以公平的竞争机制作为保障的系统。浓厚的学术氛围、科学的竞争机制、健全的管理体系及平等的交流互动均是权衡学术生态的重要标尺。建立在学术生态系统上的学术期刊生态系统，在其发展变化过程中，由于内外部生态因子不断交替作用，导引着学术期刊生态系统的不同演进方式。互相补位的生态因子能促进学术期刊生态系统的和谐增长，而互相对立的生态因子则会造成学术期刊生态系统失衡，影响学术期刊的良性发展。和谐生态圈的构建归根究底在于实现学术生态的稳定发展，这也是学术研究的战略核心，学术生态的稳定与否直接关乎着学术研究的后期进展（李桃，2013）。

　　学术生态是一个涉及学术研究本体（上游）、学术成果发表与传播（中游）以及学术评价与反馈（下游）的广义学术活动体系。学术主体与学术环境的统筹并进、和谐共处是良好学术生态的直接体现。学术主体在与其周边的环境进行互动过程中不断创新，进而带动学术研究、科研技术及学术主体地位向着更高层次迈进，学术的社会贡献值不仅是学术生命力的外在表现，同时也是判定学术质量的指标。当然，学术的社会贡献值的高低除了受其创作主体决定，学术出版、学术组织及学术评价者认知水平的高低同样会对其产生影响。基于此，可立足于创作、组织、出版及评价（包括以内容为评价核心的主体，比如审稿者；以形式作为评价核心的主体，比如构建评估体系、划定评估指标的机构）几个方面来对学术主体进行分类。以提升单位时间内学术产出和学术质量为核心的价值体系，各学术主体在研究过程中相互作用，并在很长一段时间内保持发展的均衡，带有明显的关联性、整体性及共赢性，在不断地创新研发中保持内外部的持久循环。学术生态系统各生态因子的运转失衡，很大程度会通过学术期刊生态系统失衡表现出来。学术生态系统运转失衡的主要表现有：背离学术研究初衷，采用各种手段来对科研成果的真实性进行捏造或篡改；将他人已经发表的学术成果挪为己用，或未经他人同意进行剽窃；没有严格按照署名或引注规定进行落实；为提高自身利益最大化而将同一论文在不同学术期刊多次发表或代写代发的；评审过程中利用职权之便干扰评审秩序、盗用稿件或挪为他用的，以及违反保密规定的行为；学术生态失衡一般都能在学术期刊中首先发现。学术期刊较之其他学术载体的差异在于评审流程更为严谨，其科研价值在于引领学术走向、实现学术平等交流、带动学术创新发展，一般都是围绕特定的领域进行研究，以反映该领域的特定现象及问题为核心，将能够凸显学术价值的科研成果进行分类整合，并按照特定的出版制度予以出版。

较之于其他载体，学术期刊在内容上更加注重学术性和创新性，追求的是质量、贡献值及学术地位的同步提升。简单而言，每一类学术期刊的出版都对其原创性提出较为苛刻的要求，学术主体结合审查所暴露出的问题找差距找不足，进而在原有的基础上不断突破自我，从而带动科研水平的同步提升。为此，作为学术期刊生态系统核心生态因子的学术期刊编辑，在本生态系统的动态平衡维护和治理上，能够及时对潜在的不端行为予以排查和防范，作用巨大。与此同时，由于学术不端表现形式的多样性和成因的复杂性，光靠学术期刊编辑的作用远远不够，需要政府、社会以及学术期刊共同体等生态因子共同参与，系统解决。

■ 第一节　学术不端的界定及危害

现有文献中针对学术不端的概念界定尚未达成统一定论，它会随着时空的更替而不断变化。1988 年，美国政府首次在《联邦公告》中提到"学术不端"一词并进行了界定，即在学术创作、学术研究及学术发行过程中捏造事实真相、临摹他人或重复性发表等。1992年，以美国科学院、工程院及研究院为主的 22 家科研机构经讨论并通过向社会广泛征求意见，将学术不端的概念界定为：在学术组织、学术创作、学术评估过程中做出的捏造、篡改及盗用他人学术成果的行为。德国马普学会在其颁布的《关于涉学术不端案件的专项整治指南》中特别强调：任何学术主体不得做出捏造、篡改科研数据、重复发表、将他人学术成果挪为己用或谋取私利等行为。同国外相比，国内针对学术不端的理论与实践研究相对落后。2006 年，科技部制定并印发了《关于科技发展战略中不端行为的应对机制（试行)》，里面首次将不端行为的概念界定为背离科学准则的行为，包括：一是违背科研诚信提供虚假职称、简历及学术成果；二是临摹、盗用他人学术成果；三是利用职务之便对科研数据进行篡改；四是未经他人同意暴露对方隐私，违反双方保密协议；五是没有严格按照动物保护规范的相关要求予以执行；六是其他与科研宗旨相背离的行为。2009 年，教育部立足当前高校学术不端问题制定并印发了《关于高校学术不端行为的处理办法》，并结合其行为表现将其分为七类：即临摹或盗用他人学术成果；未经他人同意篡改他人科研数据；捏造科研事实依据；注释来源不明确；利用职权之便将他人学术成果挪为己用或牟利；其他违背科研法则的行为。中国科学技术协会在最新的工作会议中也特别就学术不端问题进行了论述，重点将各类抄袭、捏造、破坏学术整体等行为均纳入不端行为的适用范畴，即学术创作中做虚假论述；伪造，篡改科研资料；在学术组织、学术发行、岗位竞选及职级晋升中提供虚假信息等；在未经他人同意的情况下在学术成果上署名，主观上存在临摹剽窃他人科研成果的故意，随意对他人已经或尚未发表的学术论文进行修改；利用职务之便将他人待审查的学术期刊挪为己用或谋取私利；审查流程不规范、学术质量不过关，将其他创新性、专业性更强的学术期刊予以排除，同一学术论文多次重复性发表。借助不正当手段来迫使他人学术创作进程中断或失败，包括：主观上存在损坏他人科研设备及所需资料的故意；利用职务之便拖慢审查进度、延长审查期限，或随意捏造科学依据；为提高学术地位而故意对他人尚未审查的学术成果设定层层障碍。伙同他人采用一系列手段抹除不端行为印记，包括：为谋取私利而进行团体造假，监管敷衍了事或利用职务之便对投诉者进行学术攻击；为获得高额利润而参与其他类型的学术审批；在对他人进行学术审批、学术评估及学术评定时，为保障自身利益的最大化而违背科研法则；为谋取私利而未经审批机构其他成员一致决议，在学术审批之前向被审批者泄露相关信息。以团体或专家名义同社会上的各类企业签订产品代言协议。结合以上论述，可将学术不端界定为：各类弄虚作假、动机不纯或违背公平法则的学术行为，或是特定主体基于个人利益需求而盗用、临摹他人学术成果，破坏学术氛围，降低学术质量，背离科研初衷和科研诚信，给科研事业的长远发展造成持续性的负面效应，致使公众对学术结果的真实性产生质疑的恶劣行为。

科研的初衷是探索事物本源，求真理应是每个学术主体为之努力的方向，公平公正理应是每个评审者为之坚守的基本准则。扭曲事实真相势必会给学术发展带来负面效应，致使学术质量始终停滞不前。倘若学术的崇高地位由于各类不良行为而遭到公众质疑，则势必会在社会上引发一系列的负面效应，同时也会严重制约科研工作的顺利开展和进步。实际上，科研工作的长期性、高成本都决定了社会和公众支持的必要性。只有得到社会公众的认可，才能为各类学术创作及科研工作的顺利进行提供充足资金来源。良好的学术氛围则是支撑学术研究得以持续的前提。学术不端行为的频繁发生与科研的公平法则背道而驰，使得科研事业很难走得长远。相关机构对学术不端行为的漠视以及评审机构的不作为都会助长不法分子的嚣张气焰，严重破坏学术氛围，打击其他学术主体参与科研工作的积极性。学术不端行为不只会打破学术界原本稳定的学术生态，同时也会严重降低国内学术在国际上的占比及学术地位，其产生的危害表现在很多方面。

第一，学术不端行为极大浪费社会学术资源或导致资源分配不合理，阻碍科学技术进步发展。部分人为获得更大的晋升可能，或提高单位时间内的学术产出，临摹他人学术成果或是将同一类学术论文进行重复性发表，致使出版质量整体下滑；部分学术主体借助职务之便，对已有定论的资源分配结果进行篡改，提升其所负责项目的经费占比，或是对已经审批的项目进行二次或多次立项；在学术评审阶段，部分人通过贿赂或是以送人情形式扭曲学术事实，导致学术审批结果的真实性备受公众质疑，提升低质量学术占比。现如今，学术界不端行为屡禁不止，致使国内一流学术在国际学术中占比较低，学术资源没有发挥其应有的价值。另有一些学者为了职称晋升、项目结题和成果鉴定等个人目的，利用自己的特殊身份，把属于学术垃圾的抄袭剽窃之作通过关系或金钱改头换面发表，挤占宝贵的版面资源。据不完全统计，国内已经发表的学术论文中，很多学术成果都存在雷同之处，拉低了国内整体学术期刊质量。这种现象若是不能得到及时遏制，势必将成为科研进程中的最大障碍。

第二，学术不端行为很大程度上扼杀了社会的创新能力，消解了社会发展的动力和发展后劲。创新是推动民族进步和社会发展的不竭动力。科学研究的使命就在于追求真理，探索未知，开拓创新。也只有创新才能进一步促进科学的发展，从而推动社会进步。而学术不端者则严重亵渎学术创新精神，为了满足一己私利，不是把精力和时间放在深入研究学术上，而是东拼西凑，抄袭剽窃，炮制学术垃圾，毫无创见。这种学术不端行为导致学术生态环境恶化，相当一部分人不安心治学，以致学风浮躁。其结果必定会破坏科学研究的创新机制，扼杀科研人员的创新能力，最终破坏学术事业的发展和科学研究的进步。

第三，破坏学术生态环境，滋长不良学风，进而助长不端社会风气，影响人才培养质量。学术界不仅需要立足国际形势加大科研力度，同时也需结合国内实际强化人才培养。高校及科研机构作为培养复合型人才的重要场所，学术氛围的好坏、科研法则是否落实到位、学术研究经费是否充足、科研方向是否合理都会影响最终的人才输出。一旦机构内的不良学术风气没有得到及时遏制或放纵，则势必会对其他主体以错误引导，助长歪风邪气，各学术主体之间基于维护自身利益而相互对立。如何打造专业性强、素质高的学术团队是学术生态的应有导向。

作为学生成长路上的指引者，教师应切实发挥好模范带头引领作用，其一言一行都会无形中给学生以影响。特别是在科研阶段，师生之间的互动十分频繁，教师科学严谨的工作态度会直接作用于学生行为。一是扎实稳进的工作态度会指引学生向着更深领域迈进；二是求真务实的工作作风会引导学生树立正确的人生观。导师必须以身作则，在学术引领的同时，也能严格按照科研法则指引学生培养正确的学术道德。倘若导师自身都不愿学术创新，连基本的"身正"都无法坚守，让其为学生授业解惑无疑是天方夜谭，这也势必会拉低科研工作整体效率。通常而言，导师自身的学术水平及人文素养决定了其科研团队的学术风气。倘若导师自身违背了科研公平法则，背离了学术科研初衷，则其所带团队的科研水平及科研质量如何则可想而知。于学生而言，他们怀着对未来美好生活的愿景步入校门，一旦发现导师的各项学术成果都是基于不端行为所得，周边的其他硕博生对此更是纷纷效仿，可以预见这种落差会带来怎样的负面效应。不良的学术氛围势必会打破他们原本的学术信念，对学术评审的公平性产生质疑，降低了参与科研工作的积极性。为人师表者，教师对待学术工作是否认真负责、科学严谨，会直接影响到学子对待学术的态度。一旦导师自身存在不端行为却没有予以改正，则很有可能会助长团队内的这种不良风气而盲目跟风。学风是学术质量的外在表现，也是学生进行科研工作的精神支撑。受大环境影响，长期在不良氛围中进行科学钻研的学子，即使在入学初期能够不为他人行为所累，其未来发展也会与科研走向背道而驰。论文创作是学生步入科研工作的敲门砖，倘若学生在此过程中心存侥幸进行抄袭或临摹他人，则势必会对其未来的学术研究造成错误引导。加之学术研究本身就是一项长期性、严谨性的工作，导师的不作为势必会助长科研团队内的歪风邪气，这些学生一旦步入科研工作又会引发新的跟风热潮。这些学子因导师的不作为而形成错误认知，进而又将这种歪风邪气传递下去。同一团队内学子之间通过长期的学术交流，对其所在环境内的学术氛围产生共识，进而作用其行为。导师对学生不端行为的默认或鼓励会让其他学生纷纷效仿，这种错误的学术指引会让校园内的其他学子形成思维惯性，破坏原本和谐稳定的学术氛围。在这种大背景下，即便部分学子在科研初期不为外界因素干扰坚守初心，也会在一次次的困境中对其行为的合理性产生质疑，学生健康品格的培养更是无从谈起，致使创新研究变得困难重重。

在国际化大趋势下，国家之间的竞争已经逐渐演变成人才之间的比拼，强化对科研人才的培养已经势在必行。倘若不能拟定一套科学合理的应对机制，高等院校及科研机构的育人功能将很难发挥其应有价值，国内学术论文质量也将饱受争议。尤其在当下，学术活动和学术研究越来越开放交叉，与社会融合程度越来越深，逐步实现了从单一领域向多领域研究的过渡，倘若任由不端行为扩散而不加以应对，则校园或科研机构势必成为滋生腐败风气的温床。

第二节 内部生态因子不端行为的主要表现与治理

一、作者学术不端行为的主要表现与治理

全国新闻出版标准化技术委员会 2019 年颁布了《学术出版规范 期刊学术不端行为界定》（CY/T 174 - 2019），明确将学术环境中的不端行为概述为盗用、捏造、不当署名、违背科研公正法则、伪造评审意见等方面。

（1）盗用。未经他人同意而将其研究思维、学术资料及研究成果，通过捏造注释冠上自身署名进行发表，或是将已经认定、发表的学术论文多次发表。

（2）捏造。扭曲学术事实或虚构科研成果。

（3）篡改。为隐瞒事实真相而对待评审的学术成果进行数据篡改，以模糊作者真实意志。

（4）不当署名。注释名单与学术贡献不匹配。诸如：①利用职权之便将符合署名规定的人予以剔除。②为谋取私利而对已经认定的署名名单予以替换。③为获得高额回报而将其他无学术贡献值的人列入自身论文创作名单。④对注释信息进行随意捏造。⑤主体排名和学术贡献排名无法一一对应。

（5）并列作者。基于人情关系或是利益驱使而增加一个或多个并列作者。

（6）一稿多投。将某个已经发表的学术论文或是类似课题（诸如将原有的论题进行翻译，更换关键词信息，打乱作者排序；或是文

字信息有所变动，其他图片或是文献无显著差异）的论文依照特定的期限进行重复发表。例如：①在特定时间内同多个期刊或媒体签订供稿协议。②在协议尚未到期或是学术尚未评审完成过程中进行二次投递。③在尚未收到协议方审稿通过的情况下进行多次投递。④将多个研究思维、研究工具、研究课题等雷同的学术论文投递到各类期刊。⑤在首次投递尚未收到协议方审稿通过的情况下，将其中部分内容予以修订后反复投递到其他期刊。⑥在未添加任何注释的前提下，将已经冠上自身署名或是将已经审稿通过的论文再次投递，或稍微变动再多次投递。本文不涉及战略性规划、各类病情的诊断及预防说明、各类时事新闻、将已经进行过学术报道的内容引进其他文稿而另外投递。

（7）重复发表。没有在文章的最后进行补充论述，将以往已经评审并出版发行中的部分文稿内容加以引用并二次投稿。内容包括：①将冠以自身名字的学术内容加以引用却未进行引注，而仅仅在参考文献序列中略有提到。②在未进行说明也未进行引注的基础上，从多个已完成评审或已经发表的文章中进行节选，将其加以分类整合并署名。③经评审符合出版规定的二次发表，未在文章最后指明出处。④在多篇学术论文中借鉴同一科研资料或学术成果而未进行解释。⑤对评审通过的学术论文进行多次科研数据更改，或仅仅引入少量数据资料，将修改后的论文在多个期刊中进行发表。⑥双方在对同一学术问题展开探讨后，将研究方法、思维模式、引用文献及学术结果引用到学术论文中，导致二人的学术成果存在雷同之处。⑦将以往的学位论文进行二次修改后发表。

（8）拆分发表。实际上就是将课题、文献引用、科研数据均相同的学术成果划分成多个单元进行发表，以此来提高单位时间内的学术产出。诸如：①就某个课题前期调研、现象求证及学术创作结果分多次进行引用并发表，导致学术研究有所欠缺。②将原本应在同一论文中发表的学术成果按照特定模块进行拆分发表。

（9）其他问题。①违反保密之规定进行学术信息泄露，导致首创作者的权益受损。②利用职务之便干扰评审决议。③在待发行的学术论文中引入与该学术研究无关的文献。④对于引文的出处解释不明。⑤没有选择科学合理的形式对投资者所提供的经费、科研工具、文献资料、科研方法等予以解释及认可，学术法则规定的情形除外。⑥引文在学术文章中的占比高出创新部分。

作者学术不端行为的甄别与处理。编辑在对学术论文的原创性进行审查时，必须始终保持较高的职业素养，学习和借鉴其他国家的优秀做法，强化对现代科研工具的科学使用，加大对文章中引文、科研数据、文献资料等信息的重复率检索。及时排查潜在的作假现象，一经发现及时处理，最大限度地降低同一类学术论文多次发表的概率。当前国内已经登记在册的检测网站达十多家。借助 AMLC 系统，能够及时对上传的学术文章进行重复率检测，以此来对文章的原创性程度进行评估。然而，如果仅以系统检测结果作为唯一的评估依据在一定程度上显然有失公允，为此编辑部还需对检测通过的学术文章进行二次筛选，借助多种手段对学术论文进行深层次的问题挖掘。每一篇学术论文从申请、组织、创作直至成功发表都需要特定的周期，部分人在文章评审通过后对其进行多次修改，因而不定期地进行检测能够起到警示作用。通常而言，评审通过的文章在后期仍需检测 2~3 次。基于当前学术界代写现象时有发生，为此编辑部在对文章进行评审之前，可立足于作者自身实际能力，结合所提供的文章内容进行对比参照。部分学术论文复制程度低，题材新颖，然而分析不够透彻，仅仅凭借知网系统难以及时排查，这就需要业内专家的配合或支持。

二、编辑不端行为的主要表现与治理

编辑的职责在于对他人提交的学术论文进行审查把关，作为不端行为的见证者和监管者，其职能作用的发挥如何直接影响到最终的评审结果，对减少学术不端行为的发生起到极其重要的作用。张春丽等人剖析时发现，任何学术造假现象一经公布，舆论首先关注的是论文作者个人的诚信问题，对于编辑评审流程的规范性、评审结果的真实性则不置可否，更没有构建专门针对不端行为的风险预警机制。为最大限度地降低编辑不端行为发生的可能性，需要剖析编辑不端行为的成因及表现，如此才能从根源上保证学术论文（成果）评审结果的科学严谨。

（1）编辑处理来稿的不端行为。编辑对于来稿的审查是否公正透明一直以来社会关注度不高，然而这一环节却是滋生不端行为的温床。较之于其他环节的有迹可循，稿件初步审查中呈现出的学术不端很难进行及时排查，抑或是因证据不足而不了了之。主要体现在：①受他人委托而捏造学术依据，这也是稿件初步审查中的"常规操作"。为帮助他人在短期内提高学术产出，借助职务之便对其提供的来稿进行初步修订，促使其符合出版要求，或是结合自身审查经验参与对方的学术创作，降低该文章被淘汰的可能。②工作之余同他人展开商业合作，这也是来稿环节十分隐秘的不端行为之一。随着信息技术的普及和科研政策的推动，学术论文数量与职务晋升、毕业、升学等直接挂钩，越来越多的代写机构如雨后春笋般兴起，很大程度上加剧了这种腐败现象的发生。倘若编辑为谋取自身利益而与不同的代写机构展开商业合作，这种不端行为势必会降低学术期刊在学术界的影响力，同时也会成为学术不端行为的保护伞。

（2）编辑送审环节的不端行为。依照国内学术期刊出版的有关制度规定，学术期刊编辑部应严格落实"三审"制度，由编辑对学术论文的原创性进行初审，再将其交由专家进行复审，之后交由主编对其学术价值进行评审。编辑学术不端行为在初审环节主要表现有：编辑按照以往惯例对来稿进行初审，针对不符合出版规定的稿件提出适当修改意见，点明署名标准及人数，之后结合作者自身的实际能力对其稿件进行内容修改，然而却有部分编辑利用职务之便降低稿件审查标准，为与其有直接或间接利益关系的中介或商家直接放行。学术论文是否符合出版标准的关键在于专家的审稿意见。在这一环节中可能存在的不端现象为：将初稿交由一些不端行为频繁的专家进行审理；基于相关利益违反保密规定同作者密切交往，并将其学术论文交由作者的关系户进行评审；为谋取私利而将评审专家的信息泄露给作者；编辑受他人委托而私下与专家沟通，暗示其适当放宽审稿标准；将同一学术论文交由多个专家进行评审，择优选取。不难发现，编辑的主观行为在一审和二审环节中作用明显，为此个别编辑在利益的驱使下往往结合自己的经验或是利用职务之便为利益相关主体放行。

（3）编辑加工环节的不端行为。编辑加工环节不端行为主要体现在：不尽合理注意职责，在发现或应当发现学术论文中潜在的学术问题时故意忽略；违规帮助作者大篇幅修改稿件。

学术期刊编辑的主观决策在整个学术评审环节起着至关重要的作用，针对其不端行为的风险防范不能依然沿用以往单一的预警机制，而是要立足于政治、道德、制度及教育层面对其行为进行预防。为从根源上杜绝编辑不端行为发生的可能，应强化对编辑的道德教育及职业教育，激发其对良好学术风气的认同感，通过强化对编辑的思想政治教育来提升其政治站位，激发编辑对其所在岗位的责任感和道德感，纠正编辑错误的人生观和价值观。编辑应将打造国内一流学术论文、提升国内学术占比作为行动指南，在做好本职工作的同时，应充分利用自身的专业优势来引导作者进行学术创新，充分发挥编辑这一岗位的职能效应，带动国内学术质量的稳步提升。编辑在日常审稿时必须以身作则，不因利益诱惑而突破道德底线，坚决抵制违反学术公平法则、违背道德伦理、违背正义的行为，严守质量关。为强化编辑对其所在岗位的责任意识，每一名编辑在正式参与审稿之前都需接受诚信教育，同时签订保密协议及责任条款，明确各个岗位的职责划分并落实到个人。编辑部要求编辑必须进行日常审稿记录存档，诸如稿件作者的个人信息、原创作品、审稿进度及定稿决议等，以便于后期进行追责问责。因不端行为而造成学术论文创作失败或被迫终止，需结合编辑的日常记录进行层层追责，而非以偏概全互相推诿。为尽可能降低编辑借助职权参与最终评审的可能，编辑部需结合学术规范拟定一套相对科学严谨的审稿流程，以保证各个环节的审批都能有迹可循。构建集多个审稿专家为一体的信息库，详细备注与之存在人情往来人员的基本信息，以保证评审结果的公平公正、肃清学术风气。

优秀的期刊离不开优秀的编辑，在防范编辑学术不端行为的同时，还要给予编辑一个良好的成长机制。为编辑提供高质量的培训机会和参与高水平学术会议的机会，使其业务能力不断提升，进而能够更及时地发现问题稿件，为期刊把好稿件质量关；鼓励编辑根据自身优势组织策划特色栏目、特色专刊，锻炼编辑的组织策划、组稿、约稿能力；结合主办/主管单位的资源优势，拓展业务，如承办相关学术会议、科普教育活动等，为编辑提供拓展兴趣爱好、发挥特长的机会；紧跟时代步伐，与时俱进，推进媒体融合出版，为编辑提供多元化发展路径。同时，编辑部应制定一套相对科学合理的奖惩机制，在激发编辑主观能动性和责任意识的基础上，又要给予一定的压力，帮助编辑更好地成长。

三、审稿专家不端行为的主要表现与治理

同行评议是彰显学术诚信的必要手段。然而，审稿专家做出的不合理行为也势必会影响最终的评议结果。为提高学术期刊质量，防范审稿专家审稿失范行为，也是学术期刊生态体系治理的重要一环。评审专家在此过程中做出的不合理行为主要有以下几种表现（颜永松等，2021）。

（1）强制引用。随着我国科研学术体制改革进程的加快及全球化趋势的日益凸显，部分学术科研机构为适应市场走向，拟订了更具针对性的评价标准，打破了传统以"影响因子论"作为评估指标的壁垒，

而是统筹兼顾学术规模及学术质量的评审。基于此，ESI 指标在高校和科研机构中得到广泛认可和应用。受低风险高回报利益驱使，部分意志不坚定的审稿者利用手中职权，对稿件作者采用威逼利诱等手段迫使其引用自己团队的学术创作，倘若不能及时对其不端行为予以排查并处理，则势必将在学术机构内引发一系列负面效应，助长歪风邪气。

（2）拖延审稿。编辑在收到作者的原创稿件后，会结合自身工作实际及以往经验确定是否需要进行同行评议，之后确定评议人选并告知对方回复期限，超出期限未收到回复的更换审稿人。部分审稿人在收到编辑的催审后会在极短的时间内做出评审决议，然而，有些审稿者即使收到对方的催审通知时还存在主观拖延故意，直至超出回复日期。因为学术占比及影响力主要取决于单位时间内的高水平学术产出，为此审稿人自身的拖延行为势必会对作者和学术期刊造成无法挽回的损失。于创作者而言，提高审稿效率能够加快学术论文发表的速度，这是对自身学术水平的认可和价值评估，同时也会提高作者在学术界的话语权，从而获得更多科研资源。于编辑部的长远发展而言，审稿时间过长会打乱原本稳定的出版秩序，造成优质学术论文的流失，学术界也会对该稿件的诚信度产生质疑而不予引用。

（3）无效审稿。国家设定同行评议的初衷在于严把学术质量关，同行评议结果是否真实有效直接影响到最终的学术质量，也是彰显学术期刊权威的有力手段。审稿者以事实为依据提出的价值建议，能在选题、结构、实验设计等层面帮助作者找出不足，以此来辅助编辑进行科学取舍、引导作者加以补充修订。然而，就审稿工作的落实成效看，部分审稿人对于编辑提供的稿件回复较为随意，编辑无法根据其回复做出取舍决议，也难以对稿件作者给予适当的修改意见，导致后期的学术工作进展十分困难。部分审稿专家在收到编辑的催审通知后，尽管会结合自身经验给予多方面指导意见，然大多都是围绕宏观层面泛泛而谈，仅仅只是点明其中的错词错句及排版问题，或是就其未来发展提出自己的看法，作者很难从其回复中获得有价值的学术信息，同行评议形同虚设。

同行审稿专家在评议阶段的不作为，会直接影响到编辑部及学术科研机构后续工作的稳步推进，为此相关部门应加大对其不端行为的查纠整改力度，必要时追究其相应责任。为体现同行评议结果的科学严谨和学术权威性，编辑部一旦经核实确认审稿者做出了不合理行为而给学术研究造成负面影响的，应及时撤销其审稿权限，并结合最新的追责问责机制对其提出警示。为提高审稿流程的规范性和评议结果的公正性，编辑应探寻更多可行性路径来壮大审稿专家队伍，设定专家信息库并对其关联人信息进行实时更新备案。全力打造一支素质过硬、作风优良、专业水平高的专家团队是保障同行评议得以稳定开展的前提。值得强调的是，高质量的专家团队能够为编辑后期审稿工作的开展奠定人力根基，大大提高单位时间内的审稿频率和学术产出，减少因稿件过多而造成的乱作为现象。为此，立足专家实际水平进行科学分类很有必要，这种做法能够大大缓解审稿者的工作负担、提高审稿回复的针对性和评审结果的有效性、激发专家参与审稿的积极性。除此之外，如果条件具备，应划定一个专门的部门用以解决学术申请较为集中时期的审稿问题，诸如节假日期间、毕业季、基金申报等，尽可能地让审稿专家能够挤出更多的时间用于对复杂学术问题的审读。于绝大多数评审专家而言，他们参与同行评议的初衷在于洞悉学术走向、找准学术发展定位。倘若审稿者基于自身或其他因素而对不符合规定的学术论文予以放行，则势必会让审稿专家对学术创作未来的长远发展产生质疑，这种心理上的落差极容易激起其对审稿工作的倦怠情绪和不作为，针对编辑的催审行为也会置之不理或是随意应付。通过划定更加科学严谨的送审标准，及时将初审中不符合学术规定的论文予以筛选和排除，重点对饱受争议、或超出作者认知范围的学术论文进行深层次排查，能够带动稿件学术价值的同步提升。基于此，通过建立健全制度机制及约束机制来规范编辑行为，促使编辑能够在其职权范围内发挥其专业优势，严格把控审稿质量，强化对编辑道德意识及职业素养的激发和培养就显得尤为重要。为激发审稿专家参与同行评议的主观能动性，促使最终的评议结果能够为编辑部及学术机构后续工作的开展提供实质性帮助，则编辑部在做好本职工作的同时还应及时洞悉学术走向和了解最新学术信息，收集特定领域的专家信息并整理成册，借助互联网的优势构建专家信息库并对关联人信息进行实时跟进，以便于后期送稿时作为参照。审稿专家对待评议工作的态度直接影响到后期科研工作的稳定及学术产出，进而作用于学术风气及审稿效率。就近几年的实际情况看，打造一支素质过硬、作风优良、活跃度高的青年审稿专家团队成为学术期刊的共识。值得注意的是，这些成员虽然对审稿工作有着极高的热忱，但基于自身认知水平及审稿经验十分有限，对国内外的审稿标准及流程知之甚少、不会运用，致使后期审稿工作进展十分缓慢，强化对这部分成员的专业技能培训显得尤为关键。这类专业技能培训内容及方案的拟订应交由经验丰富的编辑和期刊负责人共同兼任，立足于发展背景、团队职责、审稿流程及标准、经验分享等，并以此来激发团队成员对其所在岗位的认同感和责任感，找准发展定位及自身不足，帮助其更好地应对各类突发状况。此外，编辑部还应结合国际学术研究现状构建一套科学合理的评价机制，根据审稿专家的审稿效率、审稿期限及学术水平予以分类并整理成册，以便于对送审频率进行灵活控制。需要强调的是，编辑应结合专家自身学术水平和审稿效率赋予其一定的拒绝权限，在保障审稿进度的基础上减少专家的工作量。针对回复及时且无任何不端行为的拒审者，编辑部应对其行为予以认可和鼓励，而非负面评价，尽可能降低故意拖延审稿期限的不端行为。尽管多数审稿人将同行评议工作视为自己的荣誉，但毕竟其辛勤的劳动一直处于幕后，且无法直接呈现自己的学术价值，这在一定程度上降低了审稿专家的心理获得感和成就感。为激发审稿人工作热情、提高审稿意愿、保证审稿质量，编辑部也应在现有状况下换位思考，尽量减少审稿人劳务费酬劳发放过程中的复杂环节，并探索审稿人激励多样化模式，在物质奖励的同时，考虑"优秀审稿专家"等精神奖励，通过特邀参加高等级学术研讨会、分享审稿心得、在公众号或网站宣传优秀审稿专家事迹等活动为其提供科研创新成长机会和学术身份宣传机会等，增强审稿人的归属感、荣誉感、获得感和成就感，使其尽管身居幕后却依旧有感受荣光的机会，从而促使其为捍卫极具价值的审稿人身份而主动回避学术不端。尽管多数审稿人将为学术期刊进行同行评议工作视为自己的荣誉，甘愿义务奉献，但恰当且及时的激励与酬谢仍是激发审稿人工作热情、提高审稿意愿、保证审稿质量的有效手段。由于目前各大高校、科研院所财务系统管理严格，发放酬金时要求提供身份证、银行卡等较多的私人信息，使得不少审稿人因嫌麻烦，直接放弃接受劳务费报酬。因此，编辑部应集思广益，设身处地从审稿人角度考虑，探索顺应形势的、受欢迎的审稿人激励政策。优秀的审稿人大多具有较高的学识和社会地位，物质上的奖励对他们来说并无太大吸引力，他们往往更看重关于荣誉、尊重、认可、关注、发展等精神层面的满足。鉴于此，建议编辑部邀请出色的青年审稿人参加学术期刊的编委见面会，帮他们搭建与高层次人才的沟通交流平台，提升人脉，为他们争取进入期刊编委会的机会，促进其成长和发展。定期举办优秀审稿人评选也是简单可行的办法，为获奖者发放荣誉证书并在期刊网站和公众号中进行报道，使专家们的劳动成果和个人价值得到充分的体现，让默默奉献的幕后英雄们也有机会得到来自作者和读者的致敬。还可以为多年支持期刊工作的资深专家提供投稿方面的优惠政策，如免初审、减免版面费、免费语言润色、优先出版等，增强其归属感和成就感。

第三节　学术不端行为成因分析

学术不端为学术研究蒙上了一层挥之不去的阴影。学术不端行为的频现玷污了学术的纯粹性，损害了学术的尊严和神圣感，对学术机体的运转产生了严重的负面影响。朱邦芬（2019）指出，学术诚信问题反映的是社会诚信问题的一面，而社会诚信是由多种因素共同决定的，包括社会文化、公民的道德水准、社会风气以及学术主体的精神面貌等。学术不端并非近年来才有，其出现伴随着学术研究的兴起而广泛存在，至今已经对全世界科学研究产生了深刻影响。在20世纪70年代，学术不端开始频繁见诸报端，备受社会大众的热议。到了20世纪90年代，出现了以赫尔曼·布拉赫事件、皮尔斯事件为典型的学术不端问题。迈入21世纪后，考古领域出现了最为著名的藤村新一考古造假学术不端事件，造成了恶劣的影响。反观国内，近年来，我国学术科研失信问题也频频发生，对学术风气和社会风气造成非常恶劣的影响。2017年，国际著名期刊出版商决定要对其学术期刊《肿瘤生物学》上发表的来自中国的多达107篇的研究论文予以撤销，顿时引起了全世界研究者的广泛关注。根据国家相关机构统计数据显示，我国近年来学术不端投诉案件呈现快速增长趋势，尤其在2017年达到了300件，同比增幅接近50%，严重影响到了我国的学术形象和学术尊严。

1. 道德缺失是造成学术不端行为的根本原因

学术不端违背了学术道德基本标准，而学术道德则为社会公共道德中的一类，因此研究我国学术诚信问题还应当考虑外部因素的助推作用。整体来看，造成我国学术不端现象频发的原因应是外部因素和内部因素共同作用的结果。学术不端是由多种因素共同造成的，既包括科研人员缺乏强烈的道德和责任意识，也包括不良的社会风气共同造成的。从社会因素角度来看，社会整体诚信水平的下降在很大程度上造成了学术诚信的缺失。经济的发展导致社会风气存在浮躁现象，甚至部分领域的道德水准不断下降，形成了急功近利的不良风气，这一不良风气蔓延至学术领域，学术不端就是其中的主要表现之一。此外，我国尚未构建起健全的学术领域的自净机制，当前学术评价体系也不够科学，这为学术诚信问题的滋生提供了生长的温床，各项学术学问考核评价标准不合理最终又会反过来影响学术体系的健康发展最终影响到学术诚信。在学生业绩考核上，我国学校通常以学位、分数、论文作为最重要的考核项，在评价科研人员时则以项目、经费、论文、档次作为最重要的考核指标。但上述两种考核方式都是比较单一的，这就为道德意志不坚定者提供了钻空子机会，这些人为了取得优秀的考核结果采取各种不同方式进行学术造假，最终导致整个学术学问体系面临信任危机和权威危机。更为重要的是，科学领域现实中存在名与利紧密联系在一起的现象。当科研人员通过科学研究取得名气之后，待遇将会得到大幅提升，各种经济好处纷至沓来。马克思说道："超额利润促使资本走向犯罪道路。"当名利捆绑过紧，却又缺乏有效的监督管理措施，那么部分人便会为了追求名利而违反学术诚信。

2. 学术不端预防惩罚机制不健全

当前中国学界的不端现象已是有目共睹，虽然学界对清除学术不端已经进行了多种努力，且所有努力似乎意义重大，然而，收效甚微，想剽窃还在剽窃，要做假仍然在做假。之所以出现如此严重的学术不端现象，已经完全超脱了学术领域范畴，演变为极复杂的社会问题。为了追求物质上的富足，部分人开始急功近利谋取名利，在研究中浅尝辄止、功利为上，驱使学者以各种不正当手段去获得学术"成就"与"声誉"。再者，学界缺乏学术道德和法律规范的有效约束，势必给学者进行学术不端行为创造有利空间和条件，学术道德的滑坡也就不可避免。为此，朱邦芬呼吁，"面对科研诚信问题，不应以道德完善来取代制度建设，而应以健全有效的制度来促使科研人员走向完善的道德"。学术不端问题的解决，既要在思想道德教育上下功夫，更要在制度完善上下力气，只有这样才能防微杜渐，让急功近利之人不能也不敢轻易尝试学术不端行为。

3. 迅速蔓延的社会急功近利思想影响

众所周知，科学研究需要漫长时间的努力付出，同时竞争性又很强，需要抢在其他研究人员之前做出成果，否则可能数十年的辛苦努力付之东流。国家对于具有突出研究成果、做出重大贡献的研究者给予优厚奖励是无可厚非的，这是对他们艰辛和努力的肯定与回报，也是每个科研工作者所渴望的。换言之，我们并不排斥学术具有功利性的一面，毕竟，学者也需要生存，需要有做学问的物质基础。但是，随着经济的快速发展，高新技术的不断应用，促使人们的生活方式和思维方式发生了根本性改变，传统价值观备受冲击。人们从原有的单一集体主义道德向实用主义、个人主义和功利主义并存的多元道德转变，部分学者也逐渐从重道义转向重功利。越来越严重的功利思想深深影响着学术界，导致学术界的功利色彩也日渐浓厚。受以考核数据论英雄的评价标准影响，为了在竞争中不落下风，高校会为每个教授制定出针对性的考核指标，要求其必须要在核心期刊上发表一定数量的论文，且普通教师、研究生等也有论文数量指标的要求，部分高校还要求研究生必须要在固定的几个核心期刊上发表论文才能够达到毕业的标准。这些硬性规定不顾教师和学生个人的精力和能力事实，在短时间内要求所有教师和学生做出超出其基本能力的研究成果，严重违背了科学研究的客观规律。面对靠真实能力完全无法达到的考核目标，部分教师和学生于是挖空心思，甚至不择手段。因此，社会的急功近利造成了学术管理制度的急功近利，学术管理制度的急功近利又迫使学者不得不搞短、平、快，追求低投入高产出，从而产生学术不端。可以这么说，社会急功近利思想如今已深深渗入到学术领域，使得学术研究也功利化。一些学术人学术活动的最主要和最直接目的不是为了指导创新，不是为了求真求实，而是为了捞取功名利禄。部分人为了满足考核指标要求或者改善福利待遇，开始做研究、撰写论文、申请项目等，具有明显的功利性。而部分人最初是希望能够踏实下来做研究，但逐渐被周围的风气影响，变得急功近利，进而对研究浅尝辄止、好大喜功。还有部分人摘抄他人研究内容，东拼西凑成文章，找关系将之发表，继而向他人宣扬自己的研究成果数量有多少，实则宣传时间多于做研究的时间。一些学者的成果还没有经过检验，也没得到学界的认可，便开始在媒体上宣扬自己的研究成果多么多么重要，开创了研究的新领域等，实则功利蒙心、浮躁心重。更有甚者，搞些零散的研究成果凑成一篇低劣的文章，或找机构代写代发、向出版编辑购买发表论文的资格等，此类现象不一而足。学术研究的这种功利性必然使学者忘记学术研究的本来目的，而把做研究当成追求名利的工具或途径，势必造成学术不端行为的频发。社会急功近利思想导致学术管理制度的急功近利，也导致部分学者的学术追求急功近利。所以，社会急功近利思想是产生学术不端行为的直接原因。

4. 长期缺位的学术规范体系

学术规范体系对消除学术不端行为有着重要的作用，如果学术规范体系缺位，那么势必造成部分研究者钻空子，为了追求名利而进行学术造假，丧失学术道德。当学者抛弃学术规范，不遵守学术纪律，开始变得追名逐利、浮躁起来，那么学术尊严也就不复存在，学术形象也就一落千丈，见诸报端的各类学术丑闻也就屡见不鲜了。故而，学术共同体必须要主动构建起完善的学术规范体系，并严格执行。当有其他学者加入该共同体中，必须要遵守学术规范体系，否则将不准其加入，或者在加入后违反了学术规范体系，则予以除名。为了加强对学术不端行为的治理，政府也制定了相关的政策和制度，逐步形成了既具有中国特色，又符合国际规范的学术评价体系，对遏制学术不端行为起到了重要作用。然而，从近年来暴露出的问题看，之所以出现种种学术不端问题，很大程度上证明我们的学术规范体系仍是比较缺位的。主要体现在以下四个方面。

（1）历史欠账太多。学术共同体、学术机构以及教育部门所颁布的《学术纪律规范》《科研道德守则》或者其他文件，都是在近些年来才出台实施的，对以往的学术行为并没有起到遏制效果。学者做学问讲究"修身养性"，道德自律，凭的是对学术精神的敬仰。相较于传统研究时代，现代社会更加注重个人的权益保护，尤其是鼓励科研人员合法追求个人财富，以此激发科研动力。个人利益开始受到人们的重视，也就唤醒了研究者对财富的渴望与追求，这就导致过渡期的出现，即传统社会向现代社会的思想转变。以往传统道德形成的环境和基础开始出现根本性的变革，也促使社会转型时期人的存在状态、社会交往方式及价值追求发生重大变化。当传统的社会道德规范体系受到功利主义和过渡时期"道德"滑坡的冲击，传统的价值观念将会受到挑战，被质疑、否定甚至于抛弃，约束力便无从谈起。这种冲击对学术界的影响就是，传统学术道德规范的道德约束力也被日益削弱，造成了学术诚信问题的广泛出现。

（2）学术规范尚未完全构建起来，也尚未得到强有力的推广。新的社会道德规范的确立，必须符合新的行为方式和价值观念，而他们在被人们普遍接受之前也必须经历一个漫长的过程。更何况，学术规范要想得到普遍的遵从，并进一步转化为学者的自律行为，首先必须得到学者最广泛的认同，这样才有在普遍意义上实践的可能。故而，虽然各种"规范"层出不穷，但这些"规范"和"要求"由于出台时间相对较晚，有的还是试行阶段，尚未得到充分认可和有效执行。学术规范能否得到学者最广泛的认同，又取决于道德教育和道德实践。科学研究作为一种认识和探索活动，遵循"认识到实践再到认识"的一般规律。如果违背了客观规律，那么学术道德由普遍转向个体、由外在转向内在的过程中将会出现脱节。不可否认，我国学术道德教育没有受到足够重视，甚至部分青年学者压根不清楚学术规范的具体内容，更不要谈准确分辨学术不端行为了。

（3）现有的学术规范不明确、不具体，难以操作。在学术规范的制定上，既要充分评价其价值选择是否正确，又要衡量其是否具有实际操作的可能性。故而，在制定学术规范时，必须要对其做细化处理，使之能够付诸执行。但是，我国学术规范的制定主体一般是由政府部门负责，而非学术共同体，虽然符合社会主义价值观，但是否契合学术研究规律有待商榷。举例而言，《高等学校哲学社会科学研究学术规范试行》出台后，引起了众多学者的质疑，对其有效性、可操作性持有疑问。实际上，我们真正意义上的学术研究规范也是最近几年才得以重建，因此，这些新近出台的规范本身还很不完善。《高等学校哲学社会科学研究学术规范试行》规定："伪造、篡改或者伪注数据和文献的行为，为学术不端行为。"然而，学术不端行为具体包含多少内容，则缺乏明确规定。此外，该规范也未对负责监督、惩罚的主体做出明确说明，导致具体情况下提供的实施依据并不太清楚。更重要的是，现代社会是社会分工和劳动分工高度发达的社会，不同行业存在不同的行业规范，职业道德、职业习惯和职业心理等存在显著差异，反映在职业上的道德意识和道德行为也就有差别。因此，即使在学术领域也应该有适应各种行业和职业要求而产生的道德规范，不同的学科有不同的规范，不同的职业也应该有不同的规范。既要有针对被管理者的学术规范，还应该有针对管理者的规范，管理者不能只管人而不被人管。总体来看，建立科学有效的学术规范体系还任重而道远。

5. 相关法律法规的缺失

完善的学术规范体系由两部分组成，一是道德规范，二是法律规范，二者有机结合。道德规范内化于心，不具有强制约束力，但能够从内心意识影响到人们的行为，通过道德规范可以促使学者自觉遵守学术诚信的要求，是强化学术诚信的内在动力。而法律规范则具有强制力，要求学者必须遵守一定的原则或标准，否则就违背了法律，将受到法律的惩罚，体现了国家强制力。就当前学界而言，有法不依、执法不严或无法可依也是造成学界风气败坏的重要原因。由于种种原因，目前人们的学术法律意识和知识产权观念还比较淡薄，虽然像

《著作权法》《专利法》等领域知识产权保护已经完成了立法，并做出了对剽窃他人创造成果的行为予以严厉打击的明确规定，但是，部分学者严重践踏法律，刻意剽窃他人研究成果，公然实施学术不端行为的情况还是不断发生。根本原因在于部分相关机构对学术研究者的不端行为持有包容态度，无形中变成了功利主义者的保护伞。尽管我们的《专利法》《著作权法》等相关法律内容对科研领域学术不端行为做了规定，但缺乏行为的界定，又没有任何针对学术不端行为的具体惩罚措施，很难操作，客观上也造成了执法的难度。在处理学术不端行为时，需要从两个方面同时着手：一是国家制定法律对学术不端行为做出明确的规定和处罚，使调查和惩治于法有据，有法可依，并加大对学术不端行为的处罚力度；二是加强对学术不端行为的道德谴责，使学术自律、社会舆论监督和道德伦理规范切实发挥其应有的作用。在对学术不端行为进行惩罚时，应当结合行为的严重程度选择与之相适应的惩罚方法，而不应一味地采用以往的自律性调整方法，要结合法律与道德的双重角度对其进行调整。如果影响不大、行为性质不严重，对其进行民法或行政法规定的处罚即可；当行为性质较为严重时，需要考虑刑法予以处理，但应严格遵守罪行法定的原则；也可以同时适用刑法和其他法律对其进行处罚，既对其量刑又进行民事赔偿。在治理学术不端行为时，应当构建起集学术手段、道德约束、法律手段和社会舆论监督于一体的综合治理模式，但同时要调整好法律规范和社会现实之间存在的冲突，既要维护社会公共利益，同时也要兼顾学术共同体利益，为学术研究营造出宽松有序的外在条件，从而促进国家科技创新和科技进步，为我国发展增添助力。

6. 需要持续改进的学术科研管理制度

学术界一直在强调社会的道德失范和社会急功近利思想对学术道德滑坡的影响，也一直致力于学术规范的建设，然而，学界风气仍未见根本好转。这就表明，社会急功近利思想的影响和学术规范体系的缺位只是造成学术不端行为泛滥的原因之一，但还不是根本原因。当前，部分学者已经将学术研究的原创性抛诸脑后，很多文章都是抄来抄去或者在已有文章的基础上简单加工便据为己有，这种现象在国内学术领域时有发生。学术研究必须要经过长期的学习、思考和积累才能够取得突破。而管理者应当为研究者提供良好的外部条件，引导研究者确定合理的研究课题、研究计划，做好时间管理，最终达成研究目标。在学术管理中不应当照搬经济学理论，将效率、效益和学术研究捆绑在一起，以经济学指标来对学术研究进行考核，避免对研究者造成过重的心理负担，从而影响思考和研究，限制创造性成果的产出，否则可能导致学者为了达到量化考核指标而不顾学术道德，出现学术不端行为。学术领域的官本位意识促使学者不重研究，而重职位的升迁，靠职位的升职来谋取更多的资源。有些高校和科研院所组建的学术委员会也往往套用行政管理模式来对学术研究进行管理，其成员是任命而非由教授民主选举产生，以至于一定程度上缺少学术民主。如何改进科研管理制度，解决科研管理过程中评价规则不科学、评价者与被评价者的考核机制不完善等问题，也是从源头解决学术不端的重点考虑对象。

7. 缺乏科学性的学术评价和审查体系

学术研究需要潜心做学问，持续不断地思考、学习、积累，更需要具备评价学术本身的正确方法。一项学术研究是否具有学术价值，有多大价值，能否得到同行甚至学术共同体的认可，是由学术评价方法所导向的。学术评价具有较强的专业性，评价者必须具备较扎实的专业知识和丰富的实践基础。但是，由于学术管理制度存在诸多不完善之处，且管理者水平参差不齐，导致学术评价缺乏科学性。当前，学术评价存在看重数量而不看重质量、看重发表刊物的级别而不重视论文档次、只看表面文章却忽视深度思考等。国内在评价一个学者学术水准时常用指标为论文发表的数量和刊物的级别。当前高校对教授、副教授的考核评价指标主要集中于引文索引论文、工程引文索引论文的数量。实际上，论文发表数量已经与科研人员的职称评聘紧密相连，成为重要的指标。"教授""博导"很多是根据数"科研著作"数据评出来的，而非学术共同体的真正认可。显然，此种学术评价对学者而言无异于"逼良为娼"。关于学术评价体系存在的问题，在《关于改进科学技术评价工作的决定》指出了某些具体的体现，即科学技术评价分类模糊、评价标准不够科学统一、评价过程存在走形式现象，且在评价不同类型的研究活动时常用相同的标准，丧失科学性、准确性和真实性；评价专家遴选制度不完善，评价过程存在人情案、本位主义等现象，造成评价不公平不公正现象频现；在创新性项目立项方面审核把关不够严格，存在官本位意识。由于学术评价掺杂了过多的人际关系内容，导致其逐步偏离了客观规律，加上无休止的资格认定，各式各样的硬性指标逼迫我们的学者远离学术研究，忘记学者崇尚真实的神圣使命，从而使某些学者通过投机钻营、徇私舞弊、弄虚作假谋取私利，最终导致学术不端问题层出不穷。

8. 学术审查机制缺位

学术审查的目的在于将学术活动从其他不相关活动中分离出来，将高水平的学术研究从其他营销类活动中分离出来，将潜心钻研学术的人员与其他非学术类人员区别开来，并采用科学合理的评价方法来对人员、研究机构进行评价。一些发达国家较为重视学术审查，且构建了成熟的审查机制，所以学术审查机构具有较高的声誉，同时权威性也非常强。大部分国家在组建学术审查机构时都是遴选行业内权威的专家学者，之后对研究者的研究活动、研究课题、研究成果进行深度审查。为了确保审查结果的公平、公正，遴选出的专家学者不能够与审查项目存在经济关联，且应当在行业内享有较高的知名度，受到行业的广泛推崇。在中国，也存在种类繁多的学术专家组织来对职称、项目等进行审查，但这些名目繁多的审查缺乏规范的审查机制，导致社会认可度较低。有学者针对科技奖励评审结果做了可信度研究（宋子良等，2000）。根据《中华人民共和国科学技术进步奖励条例实施细则》第七条规定，申请科学技术进步奖的首要条件是成果具有创新性、先进性，或经过实践证明具有重大经济或社会效益。在审查成果时，应当对学术著作进行查重、查新，以初步排除弄虚作假、抄袭等恶劣行为，确保成果具有创新性和原创性，避免出现学术不端行为。然而研究结果表明，部分专家认为查重、查新虽然重要，但在实际的评审过程中很少进行，且报奖材料所列举的社会经济效益也无法得到评审组的实际考察。换言之，我们的专家审议不过是走过场，重形式，并没有严格意义上的学术审查。此外，缺乏客观的审查标准和程序以及严密的监督措施，导致审查出现了大量不公平、不公正的现象，而且走人情的案件也非常多。从专家的组成看，为了保证评审结果达到主观要求，部分评审单位都是自选评审专家，这些专家除了其学术水平外，首要条件就是关系的亲疏。因此，评审结论的公正性很难保证。其次，评审程序草率，徇私舞弊现象严重。当学术成果取得重大突破时，尤其是基础研究领域，必须要经过其他多个实验室的反复验证才能够进行认定，更需要经过一段时间的考验。有的评审者为了达到个人目的，把处在萌芽阶段、未经任何检验的成果说成是重要的突破性成果。为了顾及对方的面子，那些受邀请的专家便迎合评审者的心态，违心评审，把没有原创性的成果说成有原创性，甚至"国内首创""国际领先"。于是，出现相关部门为专家定做结论的现象也就不足为奇。所以，这种由被评审单位自选专家的评审无异于自己评审自己，也就等于没有评审。只有解决了学术审查机制的缺位问题，才能有效堵住人情评审、贿赂评审的漏洞，学术不端行为才能从源头得到制止，学术生态才能有健康的发展。

9. 遮遮掩掩的学术监督和惩处机制

即使是证据确凿的不端行为，相关机构大多采取"家丑不可外扬"

的做法，实行内部处理，写写检查，严重的通报批评，点到为止。那些被指控有学术不端行为的专家学者，除了少数几个受到严肃处理外，其他绝大多数人官照当，职称照提，教授照做，博导照聘。加之缺乏监督和惩处的环境，缺乏有效的监督和惩处机制，使得从事学术不端行为的人无所忌惮，为所欲为，也造就了学术不端现象泛滥的不利局面。今天的学界难免尴尬，因为接连曝光的学术丑闻绝大部分是由新闻媒介揭发的，很少有学术机构自揭家丑，即使发现内部人员有不端行为，碍于面子或是权势，一般也是睁一只眼闭一只眼，甚至护短。大众传媒"强力介入"，对学术不端行为公开、指名道姓地批评，对监督中国学界的不良风气，对中国学界的健康发展都是有益的。但是，如果不是证据确凿的不端行为，而是那些比较隐蔽的做法，新闻媒介便无能为力。事实上，由于学术的专业性较强，无论是普通读者还是记者、编辑，都没有资格，也不该致力于裁断那些背景相当复杂的学术争论，其中的是是非非是普通人很难把握和熟知的。对于学界的监督，最该发挥作用的应该是同行，因为同一领域的专家学者最了解本领域的研究动态，对本领域的学术研究也最有发言权。相对而言，国外许多学术不端行为都由同行揭发，如美国朗讯公司贝尔实验室的"舍恩事件"就是如此。但在国内，鉴于面子问题或其他种种原因，同行监督难以发挥作用。从国外来讲，专业学会也能很好地发挥监督作用，如美国的研究诚实办公室。国内同样存在这样的专业学会，如中国科协的科技工作者道德与权益工作委员会、中国工程院的科学道德建设委员会，按理它们应该在监督学术不端方面发挥重要作用，事实上却很难。因为我们的专业协会存在先天不足，它们一般都是没有强制权力的组织机构，需强力部门批准方能调查取证。即使收到匿名投诉，能否查实也取决于被投诉对象所在单位是否配合。

10. 严重缺失的学术诚信教育

学术不端问题是多种因素共同作用的结果，比如急功近利的社会风气、管理制度不完善、学术规范体系不健全等，还有一个重要因素则是缺乏对学术研究者的教育和引导，导致学术界对道德和德行重视不够。说我们学界重思想，轻道德，是指学界在道德教育上重视的是思想政治教育，轻的是学术道德教育。学术不端问题首先是一个人的个人道德品质问题。一直以来，我国在教育中都极为重视对学生的思想品德教育，尤其是思想政治教育。但在倡导思想政治教育之际，却未能够对学术诚信教育给予充分的重视，忽视了对学生学术规范的教育。当学生缺乏过硬的学术道德时，遵守学术纪律几乎成为无稽之谈。在做学术研究时，坚持原创性和创新性，维护学术尊严，不抄袭他人研究成果，不捏造数据进行学术造假，这是最为基本的常识。做学术研究首先必须了解基本的学术规范，但是很多学者却因学术规范教育的缺失，在学术研究的常识性方面一再犯错。正如复旦大学葛剑雄教授所言："梳理最近几年报道出来的学术不端问题不难发现，学术界和高校出现的剽窃他人论文成果、捏造数据、弄虚作假等问题的出现，很大原因在于部分教师和学生不知道学术规范是什么，更无法正确分别哪些行为违反了学术规范的要求。"对比国外学术规范教育，我国尚存在较大差距。尤其我国研究者在如何引用他人研究成果、如何添加注释等方面都缺少相应的培训，而这在国外学术规范体系教育中只是最为基本的入门课程，但国内高校却很少有举办此类教育的课程。重名气，轻德行，是从对待人才的态度上讲的。对学者来说，学术品德比学术水平更为重要。一个学者，他的名气越大，对学界和社会的影响力往往也越大。为什么"王铭铭剽窃事件"能引起学界和社会的高度关注，关键在于他的头衔为北京大学教授、博士生导师。如果换成一个普通大学生，甚至是普通高校的普通教师，其影响力不可同日而语。试想，如果教授、博导们都抄袭剽窃，弄虚作假，学生耳濡目染，把这种气息带到整个社会，再过几年，还有几人会真正做学问，又还有几人讲诚信。所以，我们应该重视学者的学术成就和学术能力，但我们更应该重视他的学术品德，因为他们在学界和社会的榜样力量是巨大的。学术诚信能够真实地反映出大学生的诚信道德。但我国高校对大学生学术诚信教育重视程度不够，缺乏诚信实践活动，且教师未能够起到表率示范作用。学术诚信能够真实地反映出大学生的诚信品质，培养学生养成良好的诚信品质是高校的育人任务，具有重要的意义，否则学生不讲诚信将影响到社会的整体风气。针对学术诚信存在的问题，高校应当加强对学生的学术诚信教育，要求教师在学术研究中起到表率示范作用，并引导大学生积极参加校园文化活动，强化自身诚信道德水平。当前，政府部门也制定了许多政策来引导高校强化对学生学术诚信意识的培养，但收效不甚理想。部分高校在教学中只强调专业知识的传授，却忽略了对大学生优良人格的培养，尚未构建出完善的学术诚信教育体系，也未制定专门规范学术行为的规章制度。此外，学校教师的学术诚信也有待加强，不少教师剽窃同行研究成果，更甚者直接将学生的研究成果添加上自己的名字，稍微修改即据为己有。

■ 第四节　学术不端行为治理

学术诚信作为学术的核心价值与伦理原则，对促进科技的健康发展、树立学术形象具有重要的影响。然而，国内学术诚信问题屡见不鲜，学术不端行为频现。根本原因在于学术评价体系过于量化与物化，奖励制度与科学规范相冲突是促进因素；在控制因素上，学术诚信规范执行不力，监督体系不健全，学术控制系统失控；在主体因素上，科研人员自律意识不强，对相关政策法规认知度不高，学术自治系统失灵。因此，在治理主体上，应从多元共治角度出发，依循利益相关者责任共担原则，构建政府、高校、社团等多元主体协同共治机制；在治理单元上，构建教育、监督、查处、立法等联动治理机制；在治理手段上，建立和完善集自治、德治、法治于一体的系统治理机制。

一、学术不端治理与学术期刊编辑职责

学术期刊编辑作为学术论文出版流程的实施者和防范学术不端、维护学术诚信的第一责任人，必须要肩负起自身责任，以较强的学术素养、纯熟的专业技能、高度的学术责任感来捍卫学术尊严。学术期刊编辑应当主动培养担当意识，树立捍卫学术诚信和学术尊严的信仰，进而通过自身的思想观念去改变学术不端现象。

学术期刊编辑应当认识到捍卫学术诚信的重要性和必要性，避免学术不端行为对学术期刊质量、学术风气和社会风气的破坏，牢固树立捍卫学术尊严的意识，并践行于学术期刊出版的整个流程中。国家新闻出版管理部门应当加强继续教育中对学术诚信的教育指导，制定规章制度，在继续教育课程中纳入每年 72 学时的学术期刊编辑的学习内容。学术诚信教育涵盖诸多方面，主要有学术不端的影响、学术诚信意识的培养以及如何杜绝学术不端行为等。期刊编辑出版部门应当针对当前存在的学术不端行为制订出应对方案，并定期举行研讨会进行交流，以制定策略减少或消除学术不端。此外，学术期刊编辑在发现存在学术不端行为时，应当主动报告、及时制止，遏制学术不端行为所带来的影响。在审阅来稿时，应当秉持公平原则，以稿件质量作为最终的衡量标准。当稿件存在疑似学术不端行为时，编辑应当主动采取多种方式进行调查与核实，而不能放之任之。为了确保审稿公平公正，编辑应当树立强烈的公平责任意识，遵守双向匿名审稿制度。在组建审稿委员会人员时，既要重视专家的专业水平，更要考查其学术态度，由此才能够及早发现潜在的学术不端行为。学术期刊编辑应当具备强烈的责任意识，树立坚决捍卫学术尊严的理念，在处理稿件时秉持公平、公正的原则，带动稿件作者主动践行学术诚信理念，营造出良好的学术风气。在发现稿件作者可能存在学术不端行为时，编辑不应简单处置，而需要针对学术不端行为出现的原因，采取针对性的措施予以规避和抵制。比如：加强学术不端检测力度、构建严密的监督机制、完善高效的预警体系；丰富编辑专业知识，增强编辑学术敏感性；采取针对性防治措施，促使作者学术自律。通过这些综合措施的实施，提高研究人员的责任意识，自觉规避学术不端行为，同时提高编辑发现和防范学术不端的能力并主动树立起主体意识，从而有效规避学术不端行为，营造出良好的学术环境。

学术期刊编辑发现学术不端行为后，应当根据自身的职能和权限及时应对，可采取的主要措施包括：①告知作者及作者所在单位，并要求稿件作者就疑似学术不端部分做出合理解释。②如果确定稿件作者存在学术不端行为，则纳入诚信黑名单，限制其在本期刊发表论文。③学术不端较为严重者，在联盟内或者期刊网站上予以揭露。④将该作者学术不端行为通报给其他合作刊物，建议其他发表过该作者的刊物重新审核其已发表作品，涉嫌学术不端的作品予以撤销。⑤构建学术不端问题共享机制，打造共享数据库。⑥按照全球出版伦理委员会（COPE）流程规定来处理学术不端面临的伦理问题，流程图为多种学术不端行为提供了解决方案。流程图应对的问题主要包括：疑似重复发表行为（包括两种情况：待发表稿件涉嫌重复发表；已发表作品部分涉嫌重复发表）；疑似抄袭（包括两种情况：待发表稿件涉嫌抄袭；已发表作品涉嫌抄袭）；数据造假（包括两种情况：待发表稿件涉嫌数据造假；已发表作品涉嫌数据造假）；作者变化（主要有四种情况：通信作者提出在待发表作品上增加署名作者或删除作者；在作品发表后提出增加作者或删除作者）；作者真实身份存疑等问题。当遇到前述规定的各类问题时，学术期刊编辑按照 COPE 提供的伦理问题流程图即可以找到合适的方案予以应对解决。

二、处理学术不端行为的规范依据

在处理学术不端行为方面尚缺乏系统性的法律法规，具体的制度框架也有待进一步完善。现行法律法规仅做了概括性规定，需要制定更为详细的部门规章，以指导学术不端问题的处理。国务院颁布的《出版管理条例》（2016）对出版物做了如下规定：出版作品不得违背社会公德、有碍社会风俗和损害他人合法权益；出版物虚构内容或违反公平公正原则，侵犯第三者合法权益的，出版单位应负担相应的民事责任，并消除影响、赔礼道歉；任何单位或个人未经作者同意，不得复制、发行或印刷该作者已经发表的作品。新闻出版署颁布的《期刊出版管理规定》（2005）对期刊的出版、发行、管理等做出了严格规定，涉及内容涵盖了学术不端行为的某些方面。具体规定有：期刊刊载作品虚构内容或违反公平公正原则，侵犯第三者合法权益的，出版单位应负担相应的民事责任，并予以更正、消除影响、赔礼道歉；刊载作品违反社会公德、有碍社会风俗、侵害社会公共利益的，新闻出版管理部门应当责令出版单位限期改正。对比《出版管理条例》和《期刊出版管理规定》两部部门规章可知，在内容上基本一致，都对期刊内容损害他人利益和公共利益的惩罚，但都具有笼统性，缺乏可以执行的具体明确措施。新闻出版广电总局颁布的《关于规范学术期刊出版秩序　促进学术期刊健康发展的通知》（2014）要求，出版管理部门进一步加强对学术期刊出版论文质量的监督管理，对严重影响作品质量的学术不端行为做出行政处罚，尤其是剽窃、模仿、低劣类论文的监督管理。现行法律法规和部门规章均未对学术不端行为做出明确的界定方法、判定依据、处罚措施等。当前，教育部等相关部委针对学术不端行为愈演愈烈的严峻形势，相继发出了一系列旨在预防和惩处学术不端行为的通知、办法、意见。主要包括2009年的《关于严肃处理高等学校学术不端行为的通知》、2010年的《关于在学位授予工作中加强学术道德和学术规范建设的意见》《高等学校科学技术学术规范指南》、2012 年的《学位论文作假处理办法》《教育部关于进一步规范高校科研行为的意见》、2015 年的《发表学术论文"五不准"》、2016 年的《高等学校预防与处理学术不端行为办法》、2018 年的《关于进一步加强科研诚信建设的若干意见》、2019 年的《关于进一步弘扬科学家精神加强作风和学风建设的意见》等。上述规范性文件出台的目的是进一步防范处理从学者的学术不端行为到与学术发展相关的学术管理者、评估者和专家的不端行为，加强学风建设，运用自律和他律相结合的规制方式，对学术不端行为进行有效治理，以达到净化学术风气的目的。同时，也进一步要求学术领域各参与者牢牢把握诚信底线，坚决反对学术不端行为，为我国学术期刊的高质量发展奠定坚实的基础。纵观防治学术不端行为的整个演变过程，不难发现治理政策受到了多种因素的共同影响，其治理过程遵循"认识到实践再到认识"的一般认识规律（吴易林、赵金敏，2021）。

三、国外学术不端治理借鉴

西方发达国家以及日本等国对学术不端行为的研究和治理起步较早，已经构建起了多种防御和治理机制在内的成熟体系，比如学术不端防治机制、学术规范制度、学术不端问责制度等，能够有效地治理学术不端行为。完善的治理体系促使作者不愿、不敢、不能出现学术不端行为。美国、英国和德国的相关实践，为我国目前开展的学术不端治理提供了可资借鉴的有益参考（蔡瑞，2015）。

美国国会颁布的《健康研究扩展法案》（1985）第一次构建出了完整的治理科研不诚信问题的制度框架。美国国家卫生研究院紧接着出台了《研究资助和研究合同指导原则》（1986），确立了关于学术不诚信的指导原则。三年之后，《发生科学不端行为的研究机构的责任》（1989）又接续而出。21 世纪伊始，相关机构又颁布了《关于研究中的不端行为的联邦政策》（2000），将学术研究机构首次明确为应对学术不端行为的主体。美国卫生部基于当时的研究成果出台了《针对研究不端行为的公共卫生政策》，进一步明确了如何调查学术不端行为。学术诚信教育可以说贯穿于美国学生的整个求学生涯，受到社会各界的高度重视。在小学阶段，美国教育部门便开始培养学生的诚信意识，教育学生不要私自照抄他人的文字。在高中阶段写文章，如果必须使用他人的文字，则必须标注说明原作者是谁、引用段落来自何处等。在美国高校中，几乎每一所大学都有专门的应对学术诚信问题的有效制度，并设立有学术委员会，由学校主要领导担任委员会的负责人，通过培训、学术会议等强化对学术诚信意识的培养。此外，美国各所高校也非常重视传承学术诚信这一优良风气，针对不同阶段的学生开展种类繁多的教育活动，比如学术诚信周、学术诚信座谈会、学术诚信档案等。各个高校还遴选出学生代表、教师以及具有高度责任感的行政人员共同组成本校的诚信荣誉管理机构，帮助学生们践行学术诚信、树立诚实守信意识，增进师生之间的信任感，为诚信校园、友好校园的建设奠定了坚实的根基。更为重要的是，美国高校在治理学术不端行为方面已经构建起了完善的调查和惩治机制。预防和处理学术不端需要高校、政府等社会各界的共同努力，并制定完善的法律法规，构建严厉的处罚制度。根据美国现行规定，具体的惩罚措施包括书面谴责、公示曝光、减少或取消资助等。对于较为严重的学术不端行为，如果产生严重影响，将依法送交司法部门处理。除此之外，高校还会对涉嫌学术不端行为的人员做出严格的纪律处分，比如开除公职、解除合作或雇佣协议等。

　　英国高校对学术不端行为的预防给予了重点关注。当新生进入高校时会收到学术诚信方面的宣传手册和资料，供每位学生了解和学习；在学校网站上也设置了专栏来介绍学术诚信和学术规范，并会定期举办学术诚信交流讲座，培养学生树立学术诚信意识。在写作论文之前，高校会通过手册的形式指导学生如何正确引用文献资料，避免出现抄袭、摘抄、捏造数据等学术不端行为。为了让学生深刻了解，手册还编写了大量的典型引用案例，对错误引用情况加以介绍，帮助学生正确引用文献资料。学校还创建了关于学术实践的网站，除了为学生提供学术诚信方面的课程内容外，还会针对学校存在的学术抄袭等不端行为进行曝光。在正式提交论文之前，高校会要求学生签署关于学术诚信的承诺书，否则将承担由学术不端导致的一切后果。为了更好地为学生提供指导，还对引用较好的论文作为优秀案例加以展示，让学生能够有所启发，认识到何种行为属于学术不端行为，从而予以规避，降低了学术不端行为的发生率。为了进一步提升预防效果，学校要求教师在进行学术科研的过程中强化对学生的培训指导，让学生能够更深刻地认识到学术不端行为的常见形式。在进行论文选题之际，便为学生举行多种形式的学术诚信培训，并由学院领导和导师来指导学生们认识到抄袭等学术不端行为的危害，为学生提供多样化的渠道搜索论文可能需要的数据资料，以降低对营利性论文库的依赖性。引导学生分阶段完成论文，高效利用论文创作时间，要求学生定期向论文指导老师汇报论文的创作情况，保证论文的创作进度，避免一再拖延，导致论文抄袭等现象的出现。为了营造良好的学术诚信风气，英国对学术作弊等不良记录纳入了个人征信体系，学术不端行为将对个人信用产生严重的不良影响。个人信用等级越差，学生将来踏入社会后，在贷款买房、求职等领域将面临很多困难，导致社会活动成本增加，由此威慑学生坚决杜绝学术不端行为。

德国教育部门为了遏制学术不端行为构建了完善的预防机制。20世纪末，德国研究联合会为了构建有效的学术不端预防机制，专门聘请了来自国内和国外共计12名专家组成了国际委员会，打算从德国科研体制上深入分析学术不端产生的深层原因，并制定针对性的策略予以防治。为此，德国研究联合会成立了一个新的部门来专门接受关于学术不端行为的投诉。随着时间的推移，学术不端行为的种类也出现了新的变化，为了更好地应对新变化，德国政府进行了三次关于学术不端行为的立法，并颁布了三部重要的行政法规，分别是《处理科学不端行为的法律规范》（1996）、《质疑科研不端行为的诉讼程序》（1997）和《关于提倡良好科学实践和处理涉嫌科研不端行为的指南》（1998）。三部法规的颁布实施为科研不端行为的界定、调查和惩罚提供了法律依据，从而产生了有力的威慑效应。近年来，德国政府部门和科研管理部门陆续颁布和修订了一系列的规章文件，诸如德国科学委员会制定了《评价和控制科研成果的建议》（2011），并对《确保博士论文质量的要求》进行了重新修订。德国研究联合会对《确保良好的科学实践备忘录》（2013）、《应对科研不端的程序》（2016）也做出了修订和更新。此外，一些具有高校联盟性质的机构和组织也出台了关于学术不端行为的倡导性文件，比如《博士学位授予程序中的质量保证》（2011）、《撰写科学资格论文良好的科学实践》（2012）、《公法中的良好的科学实践纲要》（2012）、《博士学位授予程序中良好的科学实践原则》（2013）、《德国高校良好的科学实践》（2013）等，这些文件的制定和实施，标志着德国全社会对学术不端行为的预防和治理给予了更高的期望和要求。为了鼓励社会大众勇于揭发学术不端行为，德国制定了严格的保护措施，以保护检举者的人身安全。创立学术不端行为查处专门委员会，及时对发现的学术不端行为进行调查，一般而言，调查主要由预审和正式审查组成。负责预审的监督委员会是由教师和学术联合会成员共同组成的。监督委员会将在预审阶段和检举人进行沟通，要求检举人提供检举的书面材料、口头信息或者其他能够证实检举行为的证据，经过两周的初步调查后，监督委员会将会根据检举人提供的证据来决定是否能够进入到正式调查阶段。在进行预审时，将会对检举人及涉案人员的姓名等进行隐私保护。预审结果将会通知当事人和监督管理部门。如果需要进入正式调查，则由审查委员会负责。审查委员会决定对科研不端行为进行进一步的深入调查时，将会根据调查需要公开检举人信息，要求涉案人员与检举人公开对质，从而使调查结果更加详细真实。在正式调查结束后，审查委员会将根据收集到的证据和双方的辩论来决定是否结束调查，并做出最终的调查结论。

　　学术不端行为的防范和处理是国际学术界共同面对的巨大挑战。尽管每个国家都有自己的独特国情，但不端行为的具体表现都大同小异。我们必须在立足本土国情的基础上，积极借鉴他国的成功经验，从学术期刊生态系统角度，依据不同生态因子的具体表现对症下药综合治理。

参 考 文 献

[1] 朱维铮. 求索真文明: 晚清学术史论·题记 [M]. 上海: 上海古籍出版社, 1996.

[2] 许苏民. 也谈学术、学术经典、学问与思想: 对梁启超、严复、王国维观点的质疑——兼评"现代学术经典之争" [J]. 开放时代, 1999 (4): 107 – 114.

[3] 姚弘芹. 试论期刊学术的内涵 [J]. 北京理工大学学报 (社会科学版), 2008 (1): 112 – 114.

[4] 宋燕. "学术"一解 [J]. 清华大学教育研究, 2012, 33 (2): 18 – 24.

[5] 张兴胜. 大学学术的内涵、价值与发展实践研究 [J]. 高等教育研究学报, 2020, 43 (3): 5 – 10.

[6] 尤金·奥德姆和加里·巴雷特 (Eugene P Odum, Gary W Barrett). 生态学基础 [M]. 第五版. 陆健健, 王伟, 等译. 北京: 高等教育出版社, 2009.

[7] 方炳林. 生态环境与教育 [M]. 台北: 台湾维新书局, 1975.

[8] 张敏. "学术生态"概念之诠释 [J]. 考试周刊, 2011 (44): 164 – 165.

[9] 王子娴, 许洁. 我国科技期刊政策工具体系研究: 基于政策文献内容的量化分析 [J]. 中国科技期刊研究, 2021, 32 (11): 1445 – 1454.

[10] 林小英, 侯华伟. 教育政策工具的概念类型: 对北京市民办高等教育政策文本的初步分析 [J]. 教育理论与实践, 2010, 30 (9): 15 – 19.

[11] 朱晓东, 宋培元. 关于我国科技期刊管理政策创新的思考 [J]. 编辑学报, 2006 (2): 83-86.

[12] 尚虎平. 国际论文生产与国家生产力: 一个关于中国科学研究悖论的政治经济学解释 [J]. 武汉大学学报 (人文科学版), 2017 (3): 40-48.

[13] 沈菲飞. 政策导向对高校稿件外流的影响: 基于 15 所高校的制度文本分析 [J]. 中国科技期刊研究, 2018, 29 (12): 1192-1200.

[14] 张书卿. 中国科技期刊走出去的现状、问题和措施研究 [J]. 出版发行研究, 2019 (6): 77-80.

[15] 张铁明, 刘志强, 陈春莲. 我国高校科技期刊高质量发展的政策环境分析 [J]. 科技与出版, 2021 (9): 5-11.

[16] 王子娴, 许洁. 我国科技期刊政策工具体系研究: 基于政策文献内容的量化分析 [J]. 中国科技期刊研究, 2021, 32 (11): 1445-1454.

[17] 山丹丹. 政策和制度改革对我国科技期刊人才培养的重要性 [J]. 编辑之友, 2010 (S1): 9-10.

[18] 王婧, 刘志强, 郭伟, 等. 高校科技期刊繁荣发展展望: 基于《中国高校科技期刊年度观察报告 (2020)》[J]. 科技与出版, 2021 (10): 21-29.

[19] 张义川. 彰显期刊价值服务政府决策: 基于大数据的期刊政策影响力评价探索 [J]. 东北农业大学学报 (社会科学版), 2021, 19 (1): 17-20.

[20] 李艳中, 古明加. 基于政策制度影响力的传媒编辑框架探讨: 从框架分析理论和韦斯特利——麦克莱恩模式谈起 [J]. 岭南学刊, 2014 (6): 123-128.

[21] 秦长江, 吴思洁, 王丹丹. 学术期刊出版机构数据政策框架研究 [J]. 出版科学, 2021, 29 (6): 9.

[22] 侯波. 市场经济条件下学术期刊的经营与发展 [J]. 苏州教育学院学报, 2015, 32 (2): 63-66.

[23] 郑小虎, 谈菁, 何莉. 新信息新技术在传统科技期刊编辑工作中的应用 [J]. 编辑学报, 2018, 30 (3): 304-306.

[24] 温优华. 高校学术期刊与智库建设协同创新机制构建 [J]. 汕头大学学报: 人文社会科学版, 2017, 33 (8): 86-89.

[25] 刘俊, 张昕, 颜帅. 大学出版社学术期刊集群化运营模式研究: 以清华大学出版社期刊中心为例 [J]. 编辑学报, 2016, 28 (6): 561-565.

[26] 魏志勇. 困扰学术期刊发展的几个问题 [J]. 经济师, 2015 (12): 218-219.

[27] 朱剑. 学术风气、学术评价与学术期刊 [J]. 苏州大学学报 (哲学社会科学版), 2011 (2): 7-13.

[28] 胡绍君, 郑彦宁, 成颖. 学术期刊评价方法研究进展 [J]. 情报杂志, 2020, 39 (2): 169-175.

[29] 李艳. 我国学术期刊评价体系现状及发展趋势 [J]. 中国科技期刊研究, 2015, 26 (5): 507-512.

[30] 李军林. "优化学术环境"笔谈之一: 中国特色人文社会科学评价体系的根本任务与原则遵循 [J]. 改革, 2016 (2): 133-136.

[31] 俞立平, 张再杰, 肖成华. "以刊评文"的局限、本质及其辩证应用研究 [J]. 情报杂志, 2021, 40 (3): 201-207.

[32] 马峥, 潘云涛, 武夷山. 基于引文分析的科技期刊竞争压力评价及学科间比较研究 [J]. 情报学报, 2013, 32 (10): 1026-1036.

[33] 李爱群. 中、美学术期刊评价比较研究 [D]. 武汉: 武汉大学, 2013.

[34] 金元浦. 作者中心论的衰落: 现代西方文学批评史上的一次重大转折 [J]. 文艺理论研究, 1991 (4): 23-29.

[35] 张子婷, 郑彦宁, 袁芳. 多指标核心作者识别方法研究

[J]. 现代情报，2020，40（7）：144 – 151.

[36] 代艳玲，朱拴成. 科技期刊核心作者群的建立与培养 [J]. 编辑学报，2019，31（3）：343 – 346.

[37] 吴红艳，刘义兰，王菊香，等. 论科技期刊编辑培养优秀作者群的策略与措施 [J]. 编辑学报，2016，28（6）：522 – 524.

[38] 张闪闪. 国内外作者贡献声明的贡献要素与贡献权重算法初探 [J]. 图书情报工作，2016（1）：125 – 134.

[39] 张建中，夏亚梅. 国际学术出版同行评议：问题与趋势 [J]. 文献与数据学报，2020，2（2）：118 – 128.

[40] 彭芳，金建华，董燕萍. 同行评议造假原因分析及防范措施 [J]. 编辑学报，2018，30（3）：240 – 243.

[41] 索传军，于淼. 国外期刊论文同行评议创新态势述评 [J]. 图书情报工作，2021，65（1）：128 – 139.

[42] 蒋学东. 文化自觉引领下的期刊编辑文化人格修炼 [J]. 出版科学，2013，21（6）：36 – 38.

[43] 乐黛云. 多元世界的文化自觉 [N]. 人民日报（海外版），2006 – 07 – 11.

[44] 费孝通. 反思·对话·文化自觉 [J]. 北京大学学报（哲学社会科学版），1998，18（2）：16 – 21.

[45] 蒋学东. 浅析数字出版背景下期刊编辑的读者本位意识 [J]. 东南传播，2014（1）：120 – 121.

[46] 蒋学东. 数字出版背景下学术期刊编辑的转型策略 [J]. 传播与版权，2013（6）：30 – 31.

[47] 李青. 编辑与作者有效沟通的心态与策略 [J]. 科技传播，2015（1）：212 – 214.

[48] 蒋学东，涂鹏，阳丽霞. 数据挖掘与智能筛选视角下的科技期刊选题策划 [J]. 出版科学，2020，28（1）：36 – 41.

[49] 李桃. 学术生态建设背景下学术期刊功能及编辑责任思考

[J]. 河南社会科学, 2013, 21 (10): 84-86.

[50] 颜永松, 王维朗, 薛婧媛, 等. 学术期刊同行评议中不端行为的应对策略 [J]. 编辑学报, 2021, 33 (4): 426-429.

[51] 朱邦芬. 建设一流科技期刊, 支撑一流科学研究 [J]. 科学大观园, 2019 (16): 42-43.

[52] 宋子良, 王平, 李琢颖. 中国科学基金应该加强对科学不端行为的防范 [J]. 华中理工大学学报 (社会科学版), 2000, 14 (1): 60-64.

[53] 王晶, 钟紫红. 全球出版伦理委员会流程图对期刊编辑应对学术不端的启示 [J]. 中国科技期刊研究, 2013, 24 (1): 11-15.

[54] 吴易林, 赵金敏. 演进与逻辑: 历史制度主义分析下的学术不端行为治理政策 [J]. 扬州大学学报 (高教研究版), 2021, 25 (1): 38-46.

[55] 蔡瑞. 国外学术不端行为治理机制及其启示 [D]. 哈尔滨: 哈尔滨师范大学, 2015.